GÜTERSLOHER
VERLAGSHAUS

Gütersloher Verlagshaus. Dem Leben vertrauen

Adel Theodor Khoury

Was sagt der Koran zum Heiligen Krieg?

Gütersloher Verlagshaus

Bibliografische Information der Deutschen Nationalbibliothek

Die Deutsche Nationalbibliothek verzeichnet diese Publikation in der Deutschen Nationalbibliografie; detaillierte bibliografische Daten sind im Internet über http://dnb.d-nb.de abrufbar.

2., überarbeitete und erweiterte Auflage, 2007
Copyright © 1991 by Gütersloher Verlagshaus, Gütersloh,
in der Verlagsgruppe Random House GmbH, München

Umschlaggestaltung: schwecke.mueller Werbeagentur GmbH, München
Umschlagfoto: Jordanian Girl Holds Koran and Banner During a Rally,
© Reuters/CORBIS
Satz: Buch-Werkstatt GmbH, Bad Aibling
Druck und Einband: Clausen & Bosse, Leck
Printed in Germany
ISBN 978-3-579-06485-7

www.gtvh.de

Inhalt

Umschrift arabischer Buchstaben

’ = Explosionslaut – vor jedem anlautenden
  Vokal gesprochen

th = stimmloses englisches th (thing)

dj = stimmhaftes dsch

djj = Doppel dj

ḥ = scharfes, ganz hinten in der Kehle gesprochenes h

kh = ch (wie in: ach)

dh = stimmhaftes englisches th (the)

z = französisches z

sh = sch

ṣ = dumpfes stimmloses s

ḍ = dumpfes stimmloses d

ṭ = dumpfes stimmloses t

ẓ = dumpfes englisches th (the)

ᶜ = gepresster, in der Kehle gebildeter, stimmhafter Reibelaut

gh = Gaumen-r

w = englisches w

y = englisches y; deutsches j

ā, ī, ū = lange Vokale

Vorwort

Der Beobachter und der aufmerksame Leser bzw. Zuhörer kann in der Bevölkerung und sogar bei einigen der so genannten informierten Kreisen ein großes Defizit an zuverlässigen Informationen und genauen Kenntnissen über den Islam, in besonderer Weise über seine Lehre vom Heiligen Krieg, feststellen. Vorurteile, auf Unkenntnis beruhende Vorwürfe, undifferenzierte Formulierungen gehörten früher zum festen Vorrat vieler Menschen und machen leider weiterhin die Runde. So will das vorliegende Buch genau und ausführlich das dokumentieren und erläutern, was der Koran, das heilige Buch der Muslime, wirklich über den Einsatz für die Sache des Islams (*djihād*) und zum so genannten Heiligen Krieg sagt. Zum Thema gehören auch die Aussagen über den Frieden.

Koranzitate werden nach meiner Übersetzung wiedergegeben: *Der Koran.* Übersetzung von Adel Theodor Khoury. Unter Mitwirkung von Muhammad Salim Abdullah, 4. Auflage, Gütersloh 2007.

Die zitierten Verse werden nicht nur nach der Parallelität ihres Inhaltes zusammengestellt, sondern auch möglichst nach der angenommenen chronologischen Reihenfolge der jeweiligen Suren geordnet, um eine eventuelle historische Entwicklung erkennbar machen zu können.

Die islamische Rechtstradition hat aus den Angaben des Korans und der prophetischen Überlieferung, die in den verbindlichen Aussprüchen Muḥammads festgelegt wurde, Ordnungsvorstellungen über Gesellschaft und Staat, über die Beziehungen der Muslime zu den Nicht-Muslimen, über Krieg, Friedenszeiten und Toleranz erarbeitet. Dieses Buch befasst sich mit diesem Modell nur am Rande. Dagegen wird bei der Erläuterung der verschiedenen Angaben des Korans der jeweilige historische Hintergrund kurz beschrieben, damit die Tragweite der koranischen Aussagen besser bestimmt werden kann.

Um die in diesem Buch gemachten Angaben im Rahmen des gesamten Systems der islamischen Lehre besser einordnen zu können, wird zunächst eine knappe Übersicht über die Theorie des Heiligen Kriegs im islamischen Rechtssystem gegeben. Wer sich mit der hier angesprochenen Fragestellung eingehender befassen möchte, findet am Ende des Bandes weiterführende Literaturhinweise.

Zwar hören wir heute – nicht nur in Zusammenhang mit den Krisen im Irak, in Afghanistan und im Nahen Osten – immer schriller die Stimmen derer in der islamischen Welt, die zum Heiligen Krieg aufrufen, ihren Traum von einem ruhmreichen islamischen Reich laut verkünden und die Errichtung der Universalherrschaft des Islams fordern. Dennoch dürfen wir nicht übersehen, dass es in der islamischen Welt Denker und Politiker gibt, die für eine neue Sicht der Beziehungen der Völker zueinander eintreten, die Friedensbereitschaft des Islams unterstreichen und seinen Friedensbeitrag einfordern. Bereits der Koran betonte:

»Gekommen ist zu euch von Gott ein Licht und ein offenkundiges Buch, mit dem Gott diejenigen, die seinem Wohlgefallen nachgehen, die Wege des Friedens leitet …« (5,16–17)

Kapitel I

Der Heilige Krieg
im islamischen Rechtssystem

Die Führer der islamischen Welt sehen in der heutigen Renaissance des Islams nicht nur ein Wiedererwachen des religiösen Gefühls bei den Gläubigen, sondern auch die Grundlage für den Anspruch, der Islam habe eine bestimmende Rolle in Gesellschaft und Politik zu spielen und darüber hinaus einen universalen Auftrag zu erfüllen. Denn, so die religiöse Auffassung des Islams, die Menschen sind auf Gott, auf seine Offenbarung und seine praktische Rechtleitung angewiesen, um leben zu können. Nicht nur in dem Sinne, dass es Gott ist, der das Leben schenkt, bewahrt, sichert, fördert und auch wieder nimmt, sondern auch in dem Sinne, dass der Mensch von sich aus nicht fähig ist, die lebenspendende Wahrheit zu finden und anzunehmen und den rechten Weg zu finden und zu befolgen.

»Wem Gott kein Licht verschafft, für den gibt es kein Licht«, sagt der Koran (24,40), und: »Gott sagt die Wahrheit, und Er führt den (rechten) Weg« (33,4). So ist der Gehorsam der Heilsweg des Muslims. Wer diesen Weg geht, erreicht das Ziel, wohin Gott seine Gemeinde führen will, und erlangt die Barmherzigkeit des gütigen Gottes. Denn Gott hat seinen Willen kundgetan, um die Menschen rechtzuleiten. Das Gesetz des Korans, als Ausdruck des Willens Gottes, ist ein Licht, das Einsicht bringt und die rechte Urteilsbildung ermöglicht. Es ist die Grundlage der richtigen Entscheidung, die Richtschnur der praktischen Ausführung der getroffenen Entscheidungen und die Norm des Handelns auf allen Gebieten des Lebens. So ist der Koran für den gläubigen Muslim die letzte Instanz in Streitfragen; er liefert die Grundsätze der Rechtsprechung und die Richtlinien der schiedsrichterlichen Funktion des Islams.

Der Weg Gottes, wie er im Koran festgelegt ist, wird den gläubigen Muslimen durch den Propheten Muḥammad verkündet und verbindlich erklärt. Denn Muḥammad ist auch der beste und authentische Interpret der göttlichen Offenbarung. So gilt der Weg des Propheten *(Sunna)* als die zweite Hauptquelle des Islams und als eine verbindliche Grundlage des islamischen Gesetzes. Die Art und Weise, wie er inmitten seiner Gemeinde lebte und sie auf den Weg Gottes führte, seine Sprüche, durch die er lobte oder tadelte, sein Schweigen, all das wurde nach seinem Tod durch verschiedene Gewährsmänner erzählt. Ihre Erzählungen und Berichte *(Ḥadīth)* wurden gesammelt und bilden seitdem die Grundlage der islamischen Überlieferung.

Selbstverständnis des Islams

Das Selbstverständnis des Islams drückt sich in dessen dreifachem Anspruch aus: in seinem Absolutheitsanspruch, seinem Totalitätsanspruch und seinem Universalitätsanspruch.

Absolutheitsanspruch des Islams

Ausgehend von der koranischen Offenbarung und der prophetischen Tradition erhebt der Islam den Anspruch, die letztgültige Gestalt der Religion zu sein. Nach dem Judentum, das Mose im Tora-Gesetz verkündet und gestaltet hat, und nach dem Christentum, das im Evangelium Jesu Christi verankert ist, sei nun der Islam der endgültige Höhepunkt der Prophetengeschichte. Er stelle die reine Form der Religion dar, wie er sie von Abraham, dem Vater aller Gläubigen, geerbt hat: »Diejenigen unter den Menschen, die am ehesten Abraham beanspruchen dürfen, sind die, die ihm gefolgt sind, und dieser Prophet und diejenigen, die glauben« (3,68). Muḥammad sei »das Siegel der Propheten« (33,40), und der Islam die einzig wahre Religion: »Die Religion bei Gott ist der Islam« (3,19).

Alle anderen Religionen haben damit ihre universale Geltung verloren. Nur für ihre jeweiligen Anhänger behalten Judentum und Christentum noch eine relative Gültigkeit.

Totalitätsanspruch des Islams

Der Islam erhebt auch einen Totalitätsanspruch, d. h. er beansprucht, Gottes Recht in allen Bereichen des Lebens durchzusetzen, und zwar im Hinblick auf die Einzelnen sowie auf die Gemeinschaft und den Staat. So kennt der Islam keine Trennung von Religion und Staat, von Glaubensgemeinschaft und politischer Gesellschaft. Die islamische Gemeinschaft und auch alle Gemeinschaften, die im islamisch regierten Staat leben, stehen unter dem Gesetz Gottes und haben nach dessen Bestimmungen zu handeln. Gottes Recht dient als Richtschnur staatlicher Entscheidungen der Regierung, als Grundsatzung staatlicher Institutionen und als Maßstab zur Bestätigung der Autorität des Staates oder zur Verurteilung seiner Abweichungen bzw. seiner Willkür.

Das Gesetz Gottes, das im Koran grundgelegt ist und in der Sunna seine authentische Interpretation und vorbildliche Anwendung gefunden hat, ist das Grundgesetz des islamischen Staates. Legislative und Regierung haben sich daran zu halten und zu orientieren. Ihre Zuständigkeit und ihre Handlungsmöglichkeit bestehen lediglich darin, Anwendungsgesetze zu verabschieden zur Regelung konkreter Anliegen, und zwar auch nur in den Fällen, für die der Koran und die Sunna nicht bereits konkrete Lösungen festgelegt haben. Desgleichen ist die Rechtsprechung an die Inhalte des Korans und der Sunna gebunden. Einen Ermessensraum hat der Richter nur dort, wo Koran und Sunna keine Aussagen enthalten.

Aufgrund dieser Bindung des politischen Lebens an das von Gott erlassene und von Muḥammad interpretierte und angewandte Gesetz wird der islamische Staat als Theokratie bezeichnet. Ziel dieser Theokratie ist, die Rechte Gottes zur Geltung zu bringen und die Rechte und Interessen der islamischen Gemeinschaft zu sichern. Der Staat hat auch die Aufgabe, von den Untertanen Gehorsam gegen das Gesetz Gottes zu fordern und die Bestimmungen dieses Gesetzes im praktischen Leben durchzusetzen. Den Regierungen ist dafür Autorität und Vollmacht verliehen, um die Herrschaft Gottes und die Vorherrschaft des Islams zu festigen und auszudehnen.

Universalitätsanspruch des Islams

Die Überzeugung der Muslime, »die beste Gemeinschaft unter den Menschen« zu sein (Koran 3,110), hat zur Gestaltung einer Lebensordnung geführt, die unter Berufung auf Gottes Autorität konkrete Institutionen und Gesetze sanktioniert und damit das Leben der Menschen und der Gesellschaft in festen Bahnen verlaufen lässt. Aufgrund seines Universalitätsanspruchs erklärt der Islam seine Lebensordnung als universal gültig und als im Grundsatz verbindlich für alle Gemeinschaften und Staaten. So fühlt sich der Islam dazu aufgerufen, den Herrschaftsbereich des islamischen Staates auszudehnen, den Normen der islamischen Gesellschaftsordnung zu universaler

Geltung zu verhelfen, die Institutionen der politischen Struktur des Islams überall in der Welt zu errichten und somit eine einheitliche Gesellschaft unter islamischem Gottesrecht zu bilden, die möglichst alle Menschen umgreift.

Die Frage, wie dies alles zu geschehen hat, hat die Rechtsgelehrten beschäftigt und im Mittelalter unter anderem zur Bildung der klassischen Theorie des Heiligen Krieges geführt.

Lehre vom Heiligen Krieg

Pflicht der Gemeinschaft zum Einsatz

Das Rechtssystem kennt eine Aufteilung der Welt in zwei Gebiete: das Gebiet des Islams und das Gebiet des Krieges. Das Gebiet des Islams ist Gottes Staat, das Reich des Friedens, in dem das islamische Gesetz und die vom Islam festgelegte Gesellschaftsordnung und politische Struktur herrschen. Das Gebiet der Nicht-Muslime wird grundsätzlich als das Gebiet des Krieges bezeichnet. Darin herrscht das Gesetz der Ungläubigen und der Nicht-Muslime vor, das in einigen oder gar zahlreichen Punkten den Bestimmungen des göttlichen Gesetzes widerspricht. Die Muslime haben die Pflicht, ihr eigenes Gebiet gegen die Angriffe der Feinde zu verteidigen. Darüber hinaus haben sie sich aktiv einzusetzen, um auch im Gebiet der Nicht-Muslime dem Gesetz Gottes zum Sieg zu verhelfen und die Rechte Gottes zur Geltung zu bringen.

Wenn das islamische Gebiet sich gegen einen massiven Angriff verteidigen muss, um seine Existenz zu sichern, dann sind alle Muslime gerufen, zum Schutz ihres Gebiets zu kämpfen und sich so für die Sache Gottes einzusetzen. In weniger dramatischen Situationen geht man davon aus, dass die Pflicht zum Heiligen Krieg dem Staat und der Gemeinschaft als solcher obliegt und dass dieser Pflicht Genüge getan wird, wenn an einem Ort, irgendwo in der Welt, Bemühungen um die Ausbreitung des Machtbereichs des Islams unternommen werden.

Diese Pflicht der Gemeinschaft ist eine ständige Pflicht. Der Einsatz für den Islam hört grundsätzlich erst dann auf, wenn alle Menschen den Glauben an Gott angenommen oder gar sich zum Islam bekehrt haben. Das Endziel des Kampfes »auf dem Weg Gottes«, wie sich der Koran ausdrückt (z. B. 2,190) wird erst erreicht, wenn auch das Gebiet der Feinde dem Gebiet des Islams angegliedert wird, wenn der Unglaube endgültig ausgerottet ist, wenn die Nicht-Muslime sich der Oberherrschaft des Islams unterworfen haben. Solange die alleinige Herrschaft des Islams nicht die ganze Welt umfasst, bleibt der Heilige Krieg eine Daueraufgabe, die entweder durch militärische Aktionen oder wenigstens durch politische Maßnahmen oder auf irgendeine andere Weise erfüllt werden muss.

Friedenszeiten

Was den Frieden betrifft, so ist er nach der Intention des islamischen Gesetzes der zu erreichende Endzustand der Auseinandersetzung zwischen dem islamischen Staat und den nicht-muslimischen Gemeinschaften. Denn der Heilige Krieg wird geführt, damit die Menschen allesamt als Muslime oder wenigstens als tolerierte Enklaven von Schutzbefohlenen *(Dhimmī)* in den Grenzen und unter der Vorherrschaft des islamischen Staates in Frieden und Gottesfurcht leben können. Der Friede wird erst erreicht und gilt erst als endgültig, wenn die Grenzen des islamischen Staates bis an die Grenzen der Erde gelangen, wenn also nur noch ein Staat bestehen bleibt: der islamische Staat. Solange dieses Ziel nicht erreicht ist, lebt der islamische Gottesstaat in einem ständigen Konfliktzustand mit den nicht-islamischen Staaten; seine Beziehungen zu den fremden Ländern bleiben die der legalen Auseinandersetzung. Dieser Zustand bedeutet jedoch nicht, dass der Islam sich in ständigem aktivem Kampf gegen die Nicht-Muslime befindet oder einen Dauerkrieg gegen die fremden Völker führen muss. Das bedeutet auch nicht, dass der islamische Staat keine Beziehungen irgendwelcher Art mit ihnen unterhalten darf. Verträge und Abkommen dürfen geschlossen, Vereinbarungen getroffen und kulturelle und wirtschaftliche Beziehungen aufgenommen und gepflegt werden. Aber diese Kontakte und Beziehungen beinhalten in der Einschätzung des klassischen Rechtssystems des Islams keineswegs die Anerkennung der Legitimität der fremden Staaten. Mit der Aufnahme solcher Beziehungen wird lediglich die Tatsache anerkannt, dass auch in den nicht-islamischen Staaten, solange sie bestehen, eine gewisse Autorität und eine gewisse soziale und politische Ordnung notwendig sind. So ist man bereit, die bestehende Obrigkeit und die herrschende Gesellschaftsordnung sowie die staatlichen Institutionen zur Kenntnis zu nehmen und mit der jeweiligen Regierung im Interesse der Muslime in Kontakt zu treten und vorübergehend friedliche Beziehungen zu vereinbaren.

Diese friedlichen Beziehungen heben aber die grundsätzliche Aufteilung der Welt in ein »Gebiet des Islams« und ein »Gebiet des Krieges« nicht auf. Für die Dauer der Friedenszeit bezeichnen Rechtsgelehrte das Gebiet des Krieges als »Gebiet des Friedens« oder »Gebiet des Vertrags«. Betont wird jedoch, dass die Zulässigkeit ausgehandelter Verträge und vereinbarter Friedenszeiten nicht die Gleichstellung nicht-islamischer Länder mit dem islamischen Staat bedeutet. Vorübergehende und befristete Friedenszeiten sind nur eine Pause auf dem Weg zur Islamisierung der ganzen Welt. Dieses Ziel ist zwar schwer zu erreichen und muss in der Alltagspraxis wie ein frommer Wunsch erscheinen, und man muss davon ausgehen, dass im Normalfall der Heilige Krieg in seinem aktiven Ausdruck nur zu einer ruhenden, also nicht positiv betriebenen und erfüllten Pflicht wird. Aber die theoretische Zielsetzung bleibt bestehen und konfrontiert die Praxis immer wieder mit diesem Idealzustand.

Man kann die Vorstellungen des islamischen Rechtssystems der klassischen Zeit in Bezug auf den Heiligen Krieg wie folgt zusammenfassen:

Friede ist der Zustand innerer Ordnung des Staates, wenn dieser nach den Gesetzen Gottes regiert wird und Ungläubigen, Abtrünnigen, Aufständischen und ähnlichen existenzgefährdenden Gruppen keinen Freiraum gibt, sondern sie ausrottet oder bekehrt. Nach außen hin bedeutet Frieden den Endzustand, der nach der siegreichen Bekämpfung und Niederwerfung der nicht-muslimischen Gemeinschaften erreicht wird, sodass nur noch der islamische Staat besteht, in dem Nicht-Muslime, wenn sie nur Anhänger einer vom Islam anerkannten Offenbarungsreligion und Besitzer heiliger Schriften sind, den Rechtsstatus von Schutzbefohlenen des Islams haben. Damit erfüllt die politische Gemeinschaft der Muslime (*Umma* genannt) ihre Aufgabe, Trägerin und Wahrerin der Rechte Gottes und Hüterin der nach Maßgabe der Rechte Gottes festgesetzten Rechte der Menschen zu sein.

Der Djihād im heutigen Islam

Die Auffassungen, die im heutigen Islam in Bezug auf den Djihād, den Einsatz für den Islam und den Heiligen Krieg, seine Ziele und seine grundlegende Intention vertreten werden, gehen in vielen Punkten auseinander.

Die strengen Traditionalisten und die Fundamentalisten des heutigen Islams, die offensichtlich immer mehr an Einfluss gewinnen, bekräftigen die Position des klassischen Systems des islamischen Rechts, wie sie im Mittelalter entwickelt wurde. Sie bestätigen, dass der Islam alle Menschen zur Annahme des islamischen Glaubens ruft, und zwar durch das Wort und, im Falle der Weigerung, durch das Schwert. Dieser Einsatz erreicht sein Ziel, wenn die Nicht-Muslime sich dem Islam ganz anschließen oder sich ihm als Schutzbürger unterwerfen. Der Djihād ist also ein Einsatz zur Förderung des Islams, zur Ausbreitung seiner Herrschaft in der Welt. Wenn die islamische Welt durch ihre Feinde angegriffen wird, wird der Kampf um den Glauben und die Vorherrschaft des Islams zur Pflicht eines jeden gläubigen Muslims. Aber der Djihād ist in seinem Wesen nicht nur ein defensiver Krieg, er kann und muss auch präventiv oder offensiv geführt werden, denn dieser Einsatz ist in seiner tiefen Intention das Instrument der weltumfassenden Revolution, die dem Islam zur Alleinherrschaft in der Welt verhelfen soll. Das sei die letztendliche Zielsetzung, die in folgenden Versen des Korans angegeben werde:

2,193: Kämpft gegen sie, bis es keine Verführung mehr gibt und bis die Religion nur noch Gott gehört. (Vgl. 8,39)

9,33: Er (= Gott) ist es, der seinen Gesandten mit der Rechtleitung und der Religion der Wahrheit gesandt hat, um ihr die Oberhand zu verleihen über alle Religion. … (Vgl. 61,9; 48,28)

Ruhepausen zur Aufrüstung und zur Vorbereitung des nächsten Vorstoßes, Waffenstillstand in Zeiten der Schwäche und befristete Friedensverträge mit den Nicht-Muslimen sind nur als Intermezzo zu verstehen. Die Welt bleibt in zwei Lager aufgeteilt: das Gebiet des Islams *(dār al-Islām)* und das Gebiet des Krieges *(dār al-ḥarb)*.

Die Fundamentalisten des heutigen Islams können sich nicht entschließen, den Pluralismus der Religionen hinzunehmen und sich mit der Verschiedenheit der politischen und sozialen Ordnungen abzufinden. Die Erde soll vom Unglauben gesäubert werden, das Wort Gottes soll der einzige Sieger sein, so lauteten schon im Mittelalter die Parolen.

Neben den Fundamentalisten gibt es im Islam eine beachtliche Zahl von Denkern und Rechtsgelehrten, die betonen, dass der Koran eine viel differenziertere Haltung in der Frage des Heiligen Krieges und des Einsatzes für den Islam einnimmt. Im heutigen Kontext der internationalen Beziehungen und angesichts der heutigen Verhältnisse in den Ländern des Islams selbst muss man unterstreichen, dass der Islam sich in erster Linie für den Frieden einsetzt. Dies haben die Autoren der klassischen Zeit schon gesehen, indem sie die moralische, geistliche, soziale und missionsbezogene Seite des Djihād betonten. Sie bezeichneten damals den Krieg als den »kleinen Einsatz«. Der »große Einsatz« sei geistlicher Natur und bestehe in einer dreifachen Anstrengung: im Einsatz des Herzens, d. h. in der täglichen Bemühung um einen aufrichtigen Glauben und einen treueren Gehorsam; – im Einsatz der Zunge, d.h. in der Ermunterung der Guten und der Zurechtweisung der Bösen; – endlich im Einsatz der Hand, d.h. im sozialen Dienst und in der sozialen Wohltätigkeit. Schließlich sei die friedliche Verkündigungs- und Missionstätigkeit ein vorzügliches Mittel, den Islam in der Welt zu verbreiten.

Aber vor allem hat der Koran selbst deutlich ausgesagt, dass ihm der Friede als das eigentliche Ziel des Djihād erscheint:

> **8,61:** Und wenn sie sich dem Frieden zuneigen, dann neige auch du dich ihm zu. …
>
> **4,90:** Wenn sie sich von euch fernhalten und nicht gegen euch kämpfen und euch Frieden anbieten, dann erlaubt euch Gott nicht, gegen sie vorzugehen. (Vgl. 4,94)

Es gibt jedoch Umstände, die den Krieg unumgänglich machen bzw. angezeigt erscheinen lassen. Der legitime, gerechte Krieg der Muslime darf dann nur »auf dem Wege Gottes« erfolgen. Er darf also nicht ein expansionistisches Unternehmen sein oder geführt werden, um Rache zu nehmen oder Beute zu erzielen.

Die modernen Autoren haben verschiedene Gründe angegeben, die in ihren Augen den Kampf der Muslime zu einem gerechten Krieg machen.

Diese Gründe können auf zwei reduziert werden. Zum einen hat der Islam die An- und Übergriffe der Feinde zurückzuschlagen, gleich ob diese Feindseligkeiten sich in einem Feldzug (vgl. 2,190), in der Aufkündigung von Abmachungen und Verträgen (vgl. 9,12) oder in der Planung eines Angriffs gegen die Muslime ausdrückt.

Darüber hinaus hat der Islam zu verhindern, wenn nötig mit Waffengewalt, dass die Muslime in den fremden Ländern der Unterdrückung, der Verfolgung und der Verführung ausgesetzt werden:

> **2,193**: Kämpft gegen sie, bis es keine Verführung mehr gibt und bis die Religion nur noch Gott gehört. (Vgl. 8,39)
>
> **4,75**: Was hindert euch daran, zu kämpfen auf dem Weg Gottes und für diejenigen unter den Männern, den Frauen und den Kindern, die wie Schwache behandelt werden und die sagen: »Unser Herr, führe uns aus dieser Stadt hinaus, deren Einwohner Unrecht tun ...«

Gleichbedeutend wie die Verfolgung und Verführung der Muslime ist die Verhinderung der islamischen Missionstätigkeit in nicht-islamischen Ländern.

Zum Zweiten hat der Islam die Pflicht, sich dafür einzusetzen, dass der rechte Glaube sich ausbreitet und die Rechte Gottes überall anerkannt werden: Dies bedeutet, dass der Unglaube, der Polytheismus und der Atheismus bekämpft werden sollen (vgl. 2,193; 8,39).

Kapitel II

Der historische Hintergrund

Die Vorschriften des Korans, die die Beziehungen der islamischen Gemeinschaft zu den Nicht-Muslimen regeln, lassen sich besser verstehen und richtiger einschätzen, wenn man ihren historischen Rahmen ihrer Entstehung mit berücksichtigt.

Der Koran und die Polytheisten

Muḥammad in Mekka

Um das Jahr 610 trat Muḥammad in Mekka als Prophet auf. Er wies auf das drohende nahe Gericht Gottes hin und beschwor seine Landsleute, von ihrer religiösen Gleichgültigkeit und ihrem verkehrten Verhalten abzulassen und sich dem einzigen Gott zuzuwenden, der allein Macht über Leben und Tod hat und der allein das endgültige Urteil über die Menschen fällen wird.

Die Menschen sollen sich nicht mehr auf ihren Besitz und Reichtum verlassen, sondern das Antlitz Gottes, des Schöpfers und Richters, suchen und sich seinem Willen unterwerfen. Unehrlichkeit und Gier, Betrug und Rücksichtslosigkeit sollen nicht mehr das Geschäftsleben beherrschen. Die Armen sollen nicht mehr unterdrückt und ausgebeutet werden. Diebstahl, Mord, Trunkenheit und vielerlei Laster sollen nicht mehr das gesellschaftliche Leben verseuchen.

Muḥammad griff zudem den vorherrschenden Polytheismus der Mekkaner an. Die Mekkaner fühlten sich nicht nur von diesem unbequemen Mahner belästigt, sie fingen auch an, um ihr Geschäft zu fürchten, das ihnen das polytheistische Heiligtum Mekkas bescherte. Sie wiesen also die Predigt Muḥammads zurück. Ihr Widerstand nahm Verfolgungsform an, als Muḥammad seine Angriffe fortsetzte. Gegen ihn und seine kleine Gemeinde wurden harte Maßnahmen getroffen. Die Muslime wurden in ein Tal außerhalb der Stadt verbannt und als Ausgestoßene behandelt. Einige fanden sogar den Tod. Muḥammad schickte 615 elf Familien in das christliche Abessinien. Er gab ihnen eine Botschaft an den christlichen Kaiser von Abessinien mit auf den Weg: einen Teil der 19. Sure des Korans, in dem die Geschichte Marias, der Mutter Jesu Christi, erzählt wird. Das war die Bekundung einer irgendwie gearteten Verwandtschaft zwischen der Botschaft Muḥammads und dem Christentum. Die Auswanderer wurden in Abessinien freundlich aufgenommen. Im Jahre 616 wanderten erneut etwa hundert Muslime nach Abessinien und blieben dort bis nach der großen Auswanderung der Muslime nach Medina im Jahr 622. Für die Muslime in Mekka verbesserte sich die Lage keineswegs. Die Härte der Mekkaner ließ keine Hoffnung auf die Wiederherstellung normaler Beziehungen zwischen den muslimischen Gläubigen und ihren Landsleuten bestehen. Die einzige Zukunftsperspektive für Muḥamad bestand darin, sich von Mekka abzusetzen und weiterhin für seine Botschaft einzutreten.

Die islamische Gemeinschaft in Medina

Muḥammad wanderte also im Jahr 622 mit seiner Gemeinde nach Medina aus. Die Auswanderung (Hidjra) bildete im Leben Muḥammads einen tiefen Einschnitt. Von nun an musste er neben dem rein prophetischen Auftrag auch noch die Rolle des sozialen Organisators und des politischen Führers übernehmen. Zudem musste er den politischen und militärischen Kampf gegen die Feinde des Islams außer- und auch innerhalb der Gemeinschaft selbst führen.

Der Kampf gegen die Mekkaner vollzog sich in verschiedenen Etappen. Ursache der Feindseligkeiten waren nicht nur die alten Ressentiments der Mekkaner gegen Muḥammad und seine Gemeinde und auch nicht nur der Wunsch der Muslime, ihre früheren Verfolger nun endlich zu bestrafen. Es ging dabei auch um handfeste wirtschaftliche Interessen. Die muslimischen Kämpfer versuchten, ihren Lebensunterhalt zum Teil mit Überfällen auf die Karawanen der reichen Mekkaner zu sichern. Die Mekkaner versuchten ihrerseits, ihre Karawanen vor den Angriffen der Muslime zu schützen.

Die bewaffnete Konfrontation zwischen den Muslimen und den Mekkanern erfolgte in mehreren Runden: Die Muslime siegten in Badr (624), unterlagen in Uḥud, wobei Muḥammad verwundet wurde (625). 627 brachte die Belagerung Medinas den Mekkanern keinen Durchbruch, sie mussten vor dem um die Stadt gezogenen Graben resignieren (Grabenkrieg).

628 erschien Muḥammad vor den Mauern Mekkas. Die Mekkaner schlossen mit ihm einen zehnjährigen Waffenstillstand (Abkommen von Ḥudaybiya). Es scheint so, dass die Mekkaner das Abkommen nicht respektierten. So fasste Muḥammad den Entschluss, sich der Ka^cba, des Heiligtums Mekkas, das er früher zum Zentralheiligtum des ganzen Islams erklärt hatte (vgl. Koran 2,124–134. 142–150), endgültig zu bemächtigen.

630 lieferten ihm die Mekkaner ihre Stadt widerstandslos aus, nachdem sie die Zusicherung erhalten hatten, dass die Bevölkerung verschont würde. Muḥammad hielt sein Versprechen. Nur in der Ka^cba beseitigte er die Götzen, die heidnischen Kultsymbole und die Wandmalereien.

Der Koran und die »Leute des Buches«

Der Koran erkennt die Juden und die Christen als Anhänger einer Offenbarungsreligion und Besitzer einer heiligen Schrift; er nennt sie daher »Leute des Buches«. Sowohl in Mekka als auch in Medina hatte Muḥammad mit Juden und Christen zu tun.

In der ersten Periode seiner Verkündigung in

Mekka enthält seine Predigt Themen, die stark an die Themen und an die Art der christlichen Prediger erinnern. Es ist so, als ob Muḥammad sich zu dieser Zeit dem Christentum sehr nahe fühlt. Seine Bindungen an die christliche Lehre scheinen ihm so klar zu sein, dass er die Einheit seines Glaubens mit dem der Christen, ja der Monotheisten im Allgemeinen erklärt. So schickt er wie bereits erwähnt zur Zeit der Bedrängnis in Mekka im Jahr 615 seine Anhänger zunächst in das christliche Abessinien. Dieses Gefühl der Nähe, der religiösen Verwandtschaft, ja der Zugehörigkeit zum Christentum drückt Muḥammad außerdem indirekt in seinen Stellungnahmen zu den Ereignissen aus, die die Öffentlichkeit in Mekka bewegten. So erwähnt er z. B. das Martyrium der Christen von Nadjrān im Jemen und nennt sie dabei die »Gläubigen«, die »an Gott glauben« (85,7–8). Ein anderer Text kündigt den Sieg der Byzantiner über die Perser an:

> **30,2–5:** Die Byzantiner sind besiegt worden im nächstliegenden Land. Aber sie werden nach ihrer Niederlage selbst siegen … An jenem Tag werden die Gläubigen sich freuen über die Unterstützung Gottes.

Bayḍāwī kommentiert den Abschnitt wie folgt: »Es wird berichtet, dass die Perser die Byzantiner angriffen: Sie erreichten sie in Adhruᶜāt und Buṣrā und besiegten sie. Diese Nachricht wurde in Mekka bekannt. Die Polytheisten freuten sich darüber und machten sich über die Muslime lustig, indem sie sagten: Ihr und die Christen seid Besitzer einer Schrift; wir und die Perser sind Heiden. Unsere Brüder haben eure Brüder besiegt. Und sicherlich werden wir es ebenso mit euch tun« (Kommentar, 2. Bd. Istanbul 1296, H., S. 240). Die koranischen Verse geben die Antwort Muḥammads auf den Spott der Mekkaner wieder.

Auch die Juden und ihre Tora stehen bei Muḥammad während der mekkanischen Periode in hohem Ansehen. Sie werden wie die Christen als »Leute des Buches« bezeichnet. Ihnen wurde die biblische Tradition zuerst anvertraut, zu der sich Muḥammad bekennt und zu der er auch die koranische Offenbarung zählt.

Die Juden

Die Konvention von Medina

In Medina waren die Christen unbedeutend, die Juden aber bildeten eine einflussreiche Kolonie. So versuchte Muḥammad, ihre Unterstützung für seine Predigt und für seine politischen Ziele zu gewinnen. Denn in der ersten Zeit seines Wirkens in Medina suchte er eine existenzfähige Gemeinschaft zu bilden. So sorgte er dafür, dass eine Verbindung gleich einer Familienzugehörigkeit zwischen den aus Mekka Ausgewanderten *(Muhā djrūn)* und den Anhängern und Helfern aus Medina *(Anṣār)* entstand. Diese Verbindung wurde als ein zentraler Punkt in die Gemeindeverfassung aufgenommen, durch die die Stadt Medina zum Kern eines politischen Staates organisiert und die islamische Gemeinde zu einer politischen Gemeinschaft *(Umma)* erklärt wurde.

Das Dokument, das uns die Gemeindeverfassung überliefert, stellt uns vor mehrere, noch nicht endgültig gelöste Fragen, und zwar in Bezug auf das Datum seiner Entstehung, auf die Einheit seiner Redaktion, auf die Gruppen, die in einzelnen Bestimmungen gemeint sind[1]. Auf jeden Fall beinhaltet der Text, wie wir ihn heute kennen, Bestimmungen, die sich auf die Juden beziehen und ihnen eine besondere Stellung in der Gemeinschaft einräumen: sie gelten hier als Teil der islamischen Gemeinschaft. Muḥammad hatte zu dieser Zeit die Trennung zwischen Muslimen und Juden noch nicht vollzogen und die Selbstständigkeit des Islams gegenüber dem Judentum und dem Christentum noch nicht begründet und bekräftigt. Der Inhalt des Textes entspricht also noch den friedlichen Beziehungen zwischen Muḥammad und den Juden vor der Schlacht von Badr (624) und lässt an die Ver-

---

1 Vgl. F. Buhl, Das Leben Muhammeds, Heidelberg ³1961 S. 209–212; W. M. Watt, Muhammad at Medina, Oxford ⁵1972, S. 221–228. – Watt hat bewiesen, dass der Text, wie er uns überliefert wurde, keine Einheit bildet, sondern mehrere Teile aus verschiedenen Zeiten umfasst, und dass der Teil, der sich auf die Juden bezieht, aus der Zeit vor der Schlacht von Badr (624) entstanden sein muss. Für eine Datierung nach Badr tritt H. Grimme, Mohammed, I, Münster 1892, S. 76, ein. Eine Übersetzung des Textes in deutscher Sprache findet sich bei Grimme, I, S. 78–81. Nach ihr wird der Text hier wiedergegeben.

suche Muḥammads denken, die Juden für sich zu gewinnen, indem er eine Art religiöser Verwandtschaft zwischen Islam und Judentum feststellte. Es sollen hier die Bestimmungen, die sich auf die Juden beziehen, im Wortlaut wiedergegeben werden.

»Der Gesandte Gottes schickte ein Schriftstück an die Emigranten und die Helfer (Anṣār), in dem er einen Vertrag und ein Bündnis mit den Juden abschloss, sie in ihrer Religion und ihrem Eigentum bestätigte und ihnen bestimmte Pflichten und Rechte zuteilte:

Im Namen Gottes, des Barmherzigen, des Gnädigen! Dieses ist eine Urkunde von Muḥammad, dem Propheten, (zur Feststellung der Beziehungen) zwischen den Gläubigen und Muslimen von Quraysh und Yathrib sowie denen, welche ihnen Heeresfolge leisten, mit ihnen verbündet sind und den Glaubenskrieg mit ihnen kämpfen.

1. Dieselben bilden *eine* Gemeinde gegenüber den Menschen.

16. Wer von den Juden uns folgt, dem soll Hilfe und Beistand zu Teil werden, sodass sie ungeschädigt bleiben und keine Verbündung gegen sie entsteht.

(...)

24. Die Juden steuern mit den Gläubigen, so lange diese Krieg führen.

25. Die Juden der Banūᶜ Awf bilden eine Gemeinde mit den Gläubigen (wobei ihre Religion wie die der Muslime gelten soll), und zwar ihre Klienten und sie

selbst; nur wer Ungerechtigkeit oder Trug begeht, der stürzt sich samt seinen Hausgenossen ins Unglück.

26.–31. Von den Juden der Banū l-Nadjjār (und der al-Ḥārith und der Sāʿida und der Djusham und der al-Aws und der Thaʿlaba) gilt das gleiche wie von den Juden der Banū ʿAwf; nur wer Ungerechtigkeit oder Trug begeht, der stürzt sich und seine Hausgenossen ins Unglück.

32. Djafna, der Teilstamm von Thaʿlaba, gilt wie dieser selbst.

33. Von den Banū Shuṭayba gilt das gleiche wie von den Juden der Banū ʿAwf, doch Ehrlichkeit sonder Trug vorausgesetzt.

34. Die Klienten vom Stamme Thaʿlaba gelten wie dieser selbst.

35. Die Teilstämme der Juden gelten wie diese selbst.

(**36.** Keiner von ihnen [den Kontrahenten dieses Vertrags] darf ohne Erlaubnis Muḥammads zu Felde ziehen; doch Verwundungen zu rächen, solle keiner gehindert sein; wer einen Angriff auf den anderen macht, der büßt es an sich und seinen Hausgenossen, außer wenn ihm Unrecht widerfahren ist; Gott aber wacht über die redlichste Ausführung dieses Punktes[2].)

37. Die Juden haben Steuern zu zahlen wie die Gläubigen; beide Teile helfen sich gegen den, der die Teilhaber dieses Vertrags bekriegt, freundliche gegenseitige

---

2 Es steht nicht fest, ob dieser Artikel sich auch auf die Juden bezieht oder nur die Stämme und die Gruppen der Muslime betrifft.

Beratung und Treue sonder Trug vorausgesetzt; keiner wird seinen Eidgenossen betrügen, der Unrecht Leidende aber genießt die Hilfe (der Gemeinde).

38. Die Juden steuern mit den Gläubigen, so lange diese Krieg führen.

(…)

46. Von den Juden der al-Aws, ihren Klienten und ihnen selber, gilt das gleiche wie von den Teilhabern dieses Vertrags bei reinster Ehrlichkeit gegen die Teilhaber diese Vertrags und Ehrlichkeit sonder Trug vorausgesetzt. Wer aber Trug anstiftet, der wird selbst den Schaden davon haben.

47. Gott wacht über die gewissenhafte und ehrlichste Ausführung dieses Vertrages. Diese Urkunde schützt nicht den Ungerechten oder Betrüger. Wer zu Felde zieht, ist sicher wie der, welcher in Medina bleibt, nur nicht der Ungerechte und Betrüger. Gott aber ist der Schutzherr derer, die ehrlich und fromm sind, und Muḥammad der Gesandte Gottes.

Selbstständigkeit des Islams

Die Juden mochten jedoch die Echtheit der prophetischen Sendung Muḥammads nicht anerkennen. Sie hielten ihm vor, er würde die Geschichten der biblischen Gestalten nicht fehlerfrei wiedergeben, seine Predigt würde nicht in allen Punkten mit der Tora übereinstimmen. Außerdem, so schien es ihnen, waren ihre Interessen durch die Allianz mit den reichen und mächtigen Mekkanern eher gewahrt als durch die Freundschaft mit Muḥammad und seiner Gemeinde.

Nach vergeblichen Versuchen, sich die Unterstützung der Juden zu sichern, wandte sich Muḥammad von ihnen ab. Er vollzog zwei entscheidende Schritte, die ihm und dem Islam die Selbstständigkeit einbrachten. Der erste Schritt war theologischer Natur. Jenseits der Ansprüche von Juden und Christen, jeweils die einzig heilsame Religion zu besitzen, berief er sich endgültig auf die Religion Abrahams, des Vaters aller Gläubigen. Diese reine Religion habe vor dem Judentum (Mose) und vor dem Christentum (Jesus) bestanden:

> **2,135**: Und sie sagen: »Werdet Juden oder Christen, so folgt ihr der Rechtleitung.« Sprich: Nein, (wir folgen) der Glaubensrichtung Abrahams, als Anhänger des reinen Glaubens, und er gehörte nicht zu den Polytheisten.
>
> **3,65**: O ihr Leute des Buches, warum streitet ihr über Abraham, wo doch die Tora und das Evangelium erst nach ihm herabgesandt wurden? Habt ihr denn keinen Verstand?
>
> **3,67**: Abraham war weder Jude noch Christ, sondern er war Anhänger des reinen Glaubens, ein Gottergebener, und er gehörte nicht zu den Polytheisten.

Somit hatte Muḥammad den biblischen Charakter seiner Botschaft bekräftigt, ohne sich an das Judentum oder das Christentum zu binden.

Der zweite Schritt der Verselbstständigung des Islams war zugleich religiöser und politischer Natur. Er sollte den arabischen Charakter der koranischen Offenbarung betonen und gleichzeitig eine direkte Verbindung mit Abraham herstellen. So erklärte Muḥammad, dass das Hauptheiligtum Arabiens, die Kaʿba zu Mekka, auf die Tätigkeit Abrahams zurückgehe. Die Kaʿba sei gar kein heidnisches Heiligtum, sie sei von Abraham und seinem Sohn Ismael als Heiligtum für die Araber und Muslime gebaut worden (vgl. Koran 2,124–134).

> **2,127–130:** Und als Abraham dabei war, vom Haus die Fundamente hochzuziehen, (er) und Ismael. Sie beteten: »Unser Herr, nimm es von uns an. Du bist der, der alles hört und weiß. Unser Herr, mache uns beide Dir ergeben und (mache) aus unserer Nachkommenschaft eine Gemeinschaft, die Dir ergeben ist. Und zeige uns unsere Riten, und wende Dich uns gnädig zu. Du bist der, der sich gnädig zuwendet, der Barmherzige. Unser Herr, lass unter ihnen einen Gesandten aus ihrer Mitte erstehen, der ihnen deine Zeichen verliest und sie das Buch und die Weisheit lehrt und sie läutert. Du bist der Mächtige, der Weise.« Und wer verschmäht die Glaubensrichtung Abrahams außer dem, der seine Seele geringschätzt? Wir haben ihn ja im Diesseits auserwählt. Und im Jenseits gehört er zu den Rechtschaffenen.

Infolge dieser neuen Bestimmung der Herkunft der Kaʿba konnte Muḥammad nun seiner Gemeinde vorschreiben, sich beim Gebet nicht mehr nach Jerusalem, sondern nach der Kaᶜba zu richten (vgl. Koran 2,142–150).

> **2,144.149–150**: Wir sehen, wie du dein Gesicht zum Himmel hin und her richtest. So werden Wir dir eine Gebetsrichtung festlegen, mit der du zufrieden sein wirst. Wende also dein Gesicht in Richtung der heiligen Moschee. Und wo immer ihr seid, wendet euer Gesicht in ihre Richtung ... Von wo du auch herausgehst, wende dein Gesicht in Richtung der heiligen Moschee. Es ist wirklich die Wahrheit von deinem Herrn. Gott lässt nicht unbeachtet, was ihr tut. Und von wo du auch herausgehst, wende dein Gesicht in Richtung der heiligen Moschee. Und wo immer ihr auch seid, wendet euer Gesicht in ihre Richtung, damit die Menschen keinen Beweisgrund gegen euch haben, außer denen von ihnen, die Unrecht tun – fürchtet sie nicht, sondern fürchtet Mich –, und damit Ich meine Gnade an euch vollende und ihr die Rechtleitung findet.

Damit besiegelte Muḥammad endgültig die Selbstständigkeit des Islams und erklärte zugleich die Kaᶜba zum Versammlungsort aller arabischen Stämme und zum Symbol ihrer religiösen und politischen Einheit.

Die politischen Beziehungen der islamischen Gemeinde zu den Juden wurden mit der Zeit so gespannt, dass Muḥammad diese hartnäckigen und gefährlichen Verbündeten der mekkanischen Feinde zu beseitigen suchte. Er schlug sie in drei Feldzügen.

Die Vernichtung der Juden von Medina

Die Auseinandersetzung Muḥammads mit den Juden in Medina und ihre religiöse Komponente werden an anderer Stelle behandelt[3]. Es sollen hier nur die politischen Ereignisse kurz dargestellt werden, die zur Ausrottung der Juden von Medina führten und den späteren muslimischen Rechtsgelehrten als Grundlage zur Feststellung rechtlicher Normen und Bestimmungen dienten[4]

Die Vertreibung des Stammes Qaynuqāᶜ

Die Muslime hatten bei Badr (624) die Polytheisten aus Mekka besiegt. Dass die Juden vom Stamm Qaynuqāᶜ sich darüber betrübt zeigten, erscheint dem Koran als verdächtig:

8,58: Und wenn du von bestimmten Leuten Verrat fürchtest, so kündige ihnen (den Vertrag) so eindeutig auf, daß Gleichheit zwischen euch besteht. Gott liebt ja die Verräter nicht.

Muḥammad warnte sie und rief sie zur Anerkennung seiner prophetischen Sendung und zur Annahme des

---

3 Siehe unten S. 109–117.
4 F. Buhl, Das Leben Muhammeds, Heidelberg ³1961, S. 246–277; W. M. Watt, Muhammad at Medina, Oxford ⁵1972, S. 208–217. Vor allem werden die entsprechenden Koranstellen wiedergegeben.

Islams: »Ihr Juden, habt acht, dass euch Gott nicht ähnlich wie Quraysh (die Besiegten von Badr) mit seiner Rache trifft und bekennt euch zum Islam. Denn ihr wisst, dass ich ein gesandter Prophet bin, und ihr findet es wohl in eurer Schrift und dem Bund Gottes mit euch.« Die Juden hätten da erwidert: »O Muḥammad, sei nicht zu stolz, dass du auf kriegsunerfahrene Leute trafst und du den Sieg davon trugst. Bei Gott, wenn wir dich bekriegten, würdest du erkennen, dass wir die echten (Kriegs-)Leute sind.«

Bei einem Zwischenfall rächte ein Muslim eine Marktfrau an einem jüdischen Übeltäter, woraufhin die Juden den Muslim selber töteten. Sie zogen sich dann hinter ihre Befestigungen zurück und warteten auf die Rache der Muslime. Ihre heidnischen Verbündeten leisteten ihnen keine Hilfe. Nach einer fünfzehntägigen Belagerung schlossen sie ein Abkommen mit Muḥammad: Sie mussten Medina mit ihren Familien verlassen.

Die Vertreibung des Stammes Naḍīr

Die Juden vom Stamm Naḍīr wurden im August/September 625 aus Medina vertrieben. Muḥammad warf ihnen vor, sie hätten ihn bei der verlorenen Schlacht von Uḥud (625) gegen die Mekkaner nicht unterstützt. Als Muḥammad ihnen nun den Krieg erklärte, verschanzten sie sich hinter ihren stark befestigten Burgen. Die Heuchler unter den Muslimen sprachen ihnen Mut zu und versicherten ihnen, sie würden sie in jedem Fall unterstützen, was sie jedoch nicht taten. Der Koran enthält Anspielungen darauf:

> **59,11–12:** Hast du nicht auf jene geschaut, die Heuchler sind? Sie sagen zu ihren Brüdern von den Leuten des Buches, welche ungläubig sind: »Wenn ihr vertrieben werdet, werden wir mit euch fortziehen. Und wir werden niemals jemandem gegen euch gehorchen. Und wenn gegen euch gekämpft wird, dann werden wir euch bestimmt unterstützen.« Und Gott bezeugt, dass sie ja lügen. Wenn sie vertrieben werden, werden sie nicht mit ihnen fortziehen. Und wenn gegen sie gekämpft wird, werden sie sie nicht unterstützen. Und sollten sie sie unterstützen, dann werden sie den Rücken kehren, und dann werden sie selbst keine Unterstützung erfahren.

Die Muslime begannen, ihnen die Grundlage ihres Lebensunterhaltes zu zerstören und ihre Dattelpalmen niederzuhauen. Wegen dieser Übertretung der damaligen Bräuche klagten die Juden Muḥammad an; aber der Koran rechtfertigte diese Methode der Kriegführung:

> **59,5:** Was ihr an Palmen umgehauen habt oder auf ihrem Stamm habt stehen lassen, es geschah mit der Erlaubnis Gottes, auch damit Er die Frevler zuschanden mache.

So erklärten sich die Naḍīr bereit, die Stadt zu verlassen. Sie mussten ihre Waffen abgeben, durften aber ihren Besitz und Hausrat mitnehmen. Am Ertrag der Palmen erhielten sie keinen Anteil. Der Koran sprach nach ihrem Fortgang von einem Sieg Gottes und der Muslime:

> **59,2:** Er ist es, der diejenigen von den Leuten des Buches, die ungläubig sind, aus ihren Wohnstätten zur ersten Versammlung vertrieben hat. Ihr habt nicht geglaubt, dass sie fortziehen würden; auch sie meinten, ihre Festungen würden sie vor Gott schützen. Da kam Gott über sie, von wo sie nicht damit rechneten, und jagte ihren Herzen Schrecken ein, sodass sie ihre Häuser mit ihren eigenen Händen und durch die Hände der Gläubigen zerstörten. Zieht nun die Lehre daraus, ihr Einsichtigen.

Die Vernichtung der Qurayẓa

Beim so genannten Grabenkrieg (627) hatten die Juden des Stammes Qurayẓa die ungläubigen Mekkaner, die Medina belagert hatten, unterstützt, und zwar durch neutrales Verhalten und Verhandlungen mit dem Feind. Nach dem Rückzug der Mekkaner und ihrer arabischen Verbündeten griff Muḥammad die Qurayẓa an. Er lehnte es ab, ihnen freien Abzug aus Medina zu gewähren. Der von allen Parteien bestellte Schiedsrichter entschied, dass alle Männer von Qurayẓa getötet, alle ihre Frauen und Kinder als Sklaven verkauft werden sollten. Dieses strenge Urteil wurde auch vollstreckt.

Der Koran stellt dazu fest:

33,25–27: Und Gott wies diejenigen, die ungläubig sind, mit ihrem Groll zurück, ohne dass sie etwas Gutes erlangt hätten. Und Gott befreite die Gläubigen vom Kampf. Gott ist stark und mächtig. Und Er ließ diejenigen von den Leuten des Buches, die ihnen Beistand geleistet hatten, aus ihren Burgen heruntersteigen. Und Er jagte ihren Herzen Schrecken ein, sodass ihr einen Teil (von ihnen) getötet und einen Teil gefangengenommen habt. Und Er gab euch zum Erbe ihr Land, ihre Wohnstätten und ihren Besitz, und auch ein Land, das ihr (vorher) nicht betreten hattet. Und Gott hat Macht zu allen Dingen.

Die Christen

Was die Haltung des Korans zu den Christen betrifft, so war sie lange Zeit durch Sympathie und Wohlwollen gekennzeichnet. Die Christen bildeten ja keine Gefahr für den Islam. Der Koran enthält wohl Stellen, in denen er den Juden und den Christen gleichermaßen Vorwürfe macht, aber diese Auseinandersetzungen waren vorerst nicht so heftig, dass sie die friedlichen Beziehungen zwischen der islamischen Gemeinde und den Christen ernsthaft hätten erschüttern und umkehren können. Und noch in der vorletzten oder gar letzten Sure des Korans wird den Christen bescheinigt:

5,82: Und du wirst sicher finden, dass unter ihnen diejenigen, die den Gläubigen in Liebe am nächsten stehen, die sind, welche sagen: »Wir sind Christen.«

Aber gegen das Ende seines Lebens, als Muḥammad sich die Herrschaft über Zentralarabien gesichert hatte, beschloss er, die islamische Vorherrschaft über das ganze arabische Territorium auszuweiten. Hierzu musste jeder Faktor ausgeschaltet werden, der sich diesem Wunschtraum und der Ausbreitung des Islams eventuell entgegenstellen könnte. Nach der Beseitigung der Juden galt es, die Christen ungefährlich zu machen. Ein Feldzug gegen die Christen in Nordarabien (629) brachte jedoch nichts als Misserfolg. Die Äußerungen Muḥammads wurden daraufhin heftiger und sein Ton aggressiver. Auch deutliche Drohungen fielen. Schließlich kam der Befehl, alle Nicht-Muslime – Polytheisten, Juden und Christen – zu unterwerfen:

9,29: Kämpft gegen diejenigen, die nicht an Gott und nicht an den Jüngsten Tag glauben und nicht verbieten, was Gott und sein Gesandter verboten haben, und nicht der Religion der Wahrheit angehören – von denen, denen das Buch zugekommen ist, bis sie von dem, was ihre Hand besitzt, Tribut entrichten als Erniedrigte.

9,33: Er ist es, der seinen Gesandten mit der Rechtleitung und der Religion der Wahrheit gesandt hat, um ihr die Oberhand zu verleihen über alle Religion, auch wenn es den Polytheisten zuwider ist.

Um seine Absichten durch Taten zu verdeutlichen, führte Muḥammad 630–631 einen siegreichen Feldzug gegen die Christen im Norden. Ayla (das heutige ᶜAqaba) verhandelte mit ihm: Die Klauseln dieser ersten Kapitulation scheinen den zukünftigen Eroberern Syriens als Modell für die von ihnen immer wieder vorgeschlagenen Friedensverträge gedient zu haben. Zur selben Zeit, als Muḥammad gegen den Norden zog, rückte eine andere Armee gegen die Christen Nadjrāns im Jemen aus.

Kapitel III

Die Anliegen der Gemeinschaft

Der Koran lässt zwei Arten von Anliegen der islamischen Gemeinschaft erkennen. Nach innen gilt es, den Glauben zu festigen, den Gehorsam der Gläubigen anzuspornen und die Einheit der Gemeinschaft zu wahren. Nach außen hat der Islam alle Menschen zur Annahme des Glaubens aufzurufen, sich für die Durchsetzung der Rechte Gottes einzusetzen und die Gemeinschaft vor verschiedenen Gefahren zu schützen.

Glaube und Gehorsam

Glaube und Gehorsam bilden nach dem Koran die konstitutiven Elemente der islamischen Gemeinschaft. Alle Muslime glauben einmütig an den einen, einzigen Gott. Sie glauben alle einmütig an seinen Gesandten Muḥammad. Sie nehmen alle die Lehre und die Vorschriften des Korans als Äußerung der Offenbarung und Ausdruck des Willens Gottes an. Sie haben alle eine gemeinsame Religion, die es in die Lebenspraxis umzusetzen gilt. Gerade dieser gemeinsame Glaube und diese gemeinsame Religion machen die Muslime zu einer Gemeinschaft, die von Gott direkt rechtgeleitet und vom Propheten Muḥammad direkt geführt wird: Sie ist daher die »beste Gemeinschaft«

in der Welt (3,110). So ist der Koran bemüht, die Gestalt dieser Gemeinschaft deutlich zu machen, die auf der Wahrheit des Wortes Gottes gründet und das richtige Verhalten findet.

Die Sorge um die wahre Religion und das richtige Verhalten versteht sich u. a. aus der Notwendigkeit, die religiöse Identität des Islams gegenüber Judentum und Christentum abzugrenzen. Diese Suche nach der eigenen Identität tritt in den Versen zutage, in denen der Koran ein neues Kennzeichen der entdeckten und behaupteten Identität der islamischen Gemeinschaft bestätigt und gegen die Kritik der Gegner durchsetzt. Durch die Festsetzung der Gebetsrichtung nach Mekka wurde die Gemeinde ihrer eigenen Selbstständigkeit bewusst und gewann gegenüber Juden und Christen ihre Bewegungs- und Handlungsfreiheit:

2,135–137.140.144–145: Und sie sagen: »Werdet Juden oder Christen, so folgt ihr der Rechtleitung.« Sprich: Nein, (wir folgen) der Glaubensrichtung Abrahams, als Anhänger des reinen Glaubens; und er gehörte nicht zu den Polytheisten. Sprecht: Wir glauben an Gott und an das, was zu uns herabgesandt wurde, und an das, was herabgesandt wurde zu Abraham, Ismael, Isaak, Jakob und den Stämmen, und an das, was Mose und Jesus zugekommen ist, und an das, was den (anderen) Propheten von ihrem Herrn zugekommen ist. Wir machen bei keinem von ihnen einen Unterschied. Und wir sind Ihm ergeben. Wenn sie an das Gleiche glauben, woran ihr glaubt, so folgen sie der Rechtleitung. Wenn sie sich abkehren, so befinden sie sich in Widerstreit … Oder wollt ihr sagen, dass Abraham, Ismael, Isaak, Jakob und die Stämme Juden oder Christen gewesen sind? … Wir sehen, wie du dein Gesicht zum Himmel hin und her richtest. So werden Wir dir eine Gebetsrichtung festlegen, mit der du zufrieden sein wirst. Wende also dein Gesicht in Richtung der heiligen Moschee. Und wo immer ihr seid, wendet euer Gesicht in ihre Richtung. Diejenigen, denen das Buch zugekommen ist, wissen bestimmt, dass es die Wahrheit von ihrem Herrn ist. Gott lässt nicht unbeachtet, was sie tun. Du magst zu denen, denen das Buch zugekommen ist, mit jedem Zeichen kommen, sie werden deiner Gebetsrichtung nicht folgen. Und auch du wirst ihrer Gebetsrichtung nicht folgen. Keiner von ihnen wird der Gebetsrichtung der anderen folgen. Und wenn du ihren Neigungen folgst nach dem, was an Wissen zu dir gekommen ist, gehörst du gewiss zu denen, die Unrecht tun.

Einheit der Gemeinschaft

Das zweite Grundanliegen des Korans in bezug auf die islamische Gemeinschaft ist die Wahrung der Einheit der Gemeinde. Diese Einheit wird nach dem Koran durch den ungeteilten Gehorsam der Gläubigen und durch die Gestaltung ihres gemeinsamen Lebens nach den Verordnungen des Gesetzes Gottes erreicht und gefördert. Denn schon am Anfang, in den frühen Generationen der Menschheit, hatten der eine gemeinsame Glaube und der eine gemeinsame Gehorsam die Menschen zu einer geeinten Gemeinschaft zusammengeschlossen. Erst der Unglaube und die Selbstsucht der Menschen spaltete die ursprüngliche Gemeinschaft in verschiedene Gruppen und Konfessionen, Richtungen und Parteien. Die Menschen vertraten nunmehr verschiedene Meinungen und gingen ihre eigenen Wege, sie bekämpften sich sogar gegenseitig. Das Gesetz Gottes wurde ihnen immer dunkler. Eine der Aufgaben der Propheten in jeder Periode besteht darin, nach Möglichkeit diese ursprüngliche Einheit wiederherzustellen, die Meinungsverschiedenheiten zu beseitigen, Klarheit über strittige Fragen zu bringen und die Menschen zum Gehorsam gegenüber Gott und seinem Willen zurückzuführen:

2,213: Die Menschen waren eine einzige Gemeinschaft. Dann ließ Gott die Propheten als Freudenboten und Warner erstehen. Er sandte mit ihnen das Buch mit der Wahrheit herab, damit es zwischen den Menschen über das urteile, worüber sie uneins waren.

10,19: Die Menschen waren nur eine einzige Gemeinschaft. Dann wurden sie uneins. Und gäbe es nicht einen früher ergangenen Spruch von deinem Herrn, so wäre zwischen ihnen entschieden über das, worüber sie uneins sind.

In diesem Rahmen sieht der Koran auch die Aufgabe des Propheten Muḥammad:

> **2,213**: Und nur jene, denen es zuteil wurde, waren darüber uneins, nachdem die deutlichen Zeichen zu ihnen gekommen waren – dies aus ungerechter Auflehnung untereinander. Nun hat Gott die, die glauben, mit seiner Erlaubnis zu der Wahrheit geleitet, über die sie uneins waren. Und Gott führt, wen Er will, zu einem geraden Weg. (Vgl. 10,25; 24,46)
>
> **2,142**: Die Toren unter den Menschen werden sagen: »Was hat sie von ihrer Gebetsrichtung abgebracht, die sie (bisher) eingehalten haben?« Sprich: Gottes ist der Osten und der Westen. Er führt, wen Er will, zu einem geraden Weg.

Der Koran weiß aber auch, dass es den Propheten nicht immer gelingt, Spaltung, Unglauben und Frevel bei ihren Landsleuten zu überwinden. Im Gegenteil, die Geschichte der Propheten zeigt, dass diese immer wieder auf den Widerstand der Menschen gestoßen sind. Viele von ihnen mussten sogar Verfolgung und Schmähung erleiden. So muss Muḥammad die Lehre daraus ziehen und sich bemühen, die Einheit seiner Gemeinde zu wahren. Er zeigt den Gläubigen den Weg und warnt sie:

> **6,153**: Und dies ist mein Weg, er ist gerade. Folgt ihm. Und folgt nicht den verschiedenen Wegen, dass sie euch nicht in verschiedene Richtungen von seinem Weg wegführen. Dies hat Er euch aufgetragen, auf dass ihr gottesfürchtig werdet.

Muḥammad muss nicht nur diese Einheit der Gemeinde empfehlen, er muss sie auch durch sein Verhalten gewährleisten und vor Gefahren und Spaltungsversuchen schützen.

Eine der eindringlichen Gefahren für die Einheit und den Bestand der islamischen Gemeinschaft bildeten, auch in den entscheidenden Jahren des Kampfes gegen die Mekkaner in Medina (622–630), die Heuchler. Der Koran definiert sie folgendermaßen: Sie »sagen: Wir glauben ... Doch sie sind keine Gläubigen« (2,8); ja sie sind Ungläubige (vgl. 63,3) und sie sterben als Ungläubige (9,125). Immer wieder warnt der Koran die Muslime vor den Heuchlern. Denn »sie versuchen, Gott und diejenigen, die glauben, zu betrügen« (2,9). Sie schwanken zwischen den Gläubigen und ihren Feinden (4,143). Sie spotten sogar über Gott und seinen Gesandten und haben bereits das »Wort des Unglaubens« gesprochen:

> **9,65–66:** Sprich: Wolltet ihr denn über Gott und seine Zeichen und seinen Gesandten spotten? Entschuldigt euch nicht! Ihr seid ungläubig geworden, nachdem ihr geglaubt hattet.
>
> **9,74:** ... Aber sie haben wohl das Wort des Unglaubens gesagt und sind, nachdem sie den Islam angenommen hatten, ungläubig geworden ...

Die Heuchler stiften damit Unheil auf der Erde (2,11–12). Im Gegensatz zu den Gläubigen (vgl. 3,110) »gebieten sie das Verwerfliche und verbieten das Rechte und halten ihre Hände geschlossen. Vergessen haben sie Gott, und so hat Er sie vergessen. Die Heuchler sind die wahren Frevler« (9,67; vgl. 9,53; 63,6). »Nichts Gutes liegt in einem großen Teil ihrer vertraulichen Gespräche« (4,114). Sie spalten sich von der Gemeinde »aus Schadenslust, zum Anstiften von Zwietracht zwischen den Gläubigen« (9,107); sie verbreiten Falschmeldungen, die die Gläubigen beunruhigen (33,60). »Sie sind ein Greuel« (9,95).

Noch mehr: Die Heuchler sind Verräter (2,14; 4,105), sie treiben gegen den Gesandten Intrigen (9,48; vgl. 63,4), sie erfüllen ihre Versprechen nicht (9,75–77; vgl. 47,26), sondern trachten danach, dem Propheten Leid zuzufügen (vgl. 33,48). Sie suchen nur ihren eigenen Vorteil (29,10–11).

Die Heuchler sind eine besondere Gefahr für den Glauben der Muslime, denn sie versuchen, sie irrezuführen (4,113; 8,49) und sie von ihrem Glauben abzubringen (4,89).

In der Auseinandersetzung zwischen den Muslimen und den Polytheisten aus Mekka unterstützen sie nicht die Gläubigen (3,167; 4,77; 9,45.50.56.57.93; 33,12–17), stiften die anderen dazu an, den Kampf zu verweigern (63,7) und nehmen sich die Ungläubigen zu Freunden (4,139). Ja, sie bekämpfen sogar die Gläubigen (vgl. 4,91) und widersetzen sich dem Gesandten Gottes (4,115).

Inmitten all dieser Gefahren muss Muḥammad versuchen, die Einheit der Gemeinschaft so zu stärken und auszubauen, dass die Grenzen des Gebiets des Islams sich bis hin zu den Grenzen der Welt ausdehnen können. Er weiß zwar, dass der Erfolg dieser Unternehmung in erster Linie vom Willen Gottes abhängt, und dass es die erste Aufgabe der islamischen Gemeinschaft ist, im Wettstreit mit den anderen Gemeinschaften um die guten Dinge ihre Vorrangstellung auszubauen:

> **5,48**: Und wenn Gott gewollt hätte, hätte Er euch zu einer einzigen Gemeinschaft gemacht. Doch will Er euch prüfen in dem, was Er euch hat zukommen lassen. So eilt zu den guten Dingen um die Wette.
>
> **2,148**: Jeder hat eine Richtung, zu der er sich wendet. So eilt zu den guten Dingen um die Wette. Wo immer ihr euch befindet, Gott wird euch alle zusammenbringen. Gott hat Macht zu allen Dingen.

Wettstreit bedeutet jedoch nicht, dass man die Andersgläubigen – und noch weniger die Ungläubigen – als gleichberechtigt neben der islamischen Religionsgemeinschaft gelten lässt. Die Einheit und die Vorrangstellung der Religion Gottes muss gegen den Einfluss der Heuchler und Zauderer in den eigenen Reihen und gegen den Einfluss der Nicht-Muslime von außen verteidigt werden. Das ist der Sinn vieler Bestimmungen und Verordnungen des Korans, wie weiter unten noch besprochen wird. Es gilt zwei Grundsätze zu beachten: Der erste definiert den Zustand, den die Gemeinschaft auf jeden Fall vermeiden soll:

> **30,31–32**: Und ihr sollt nicht zu den Polytheisten ge-

hören, zu denen, die ihre Religion spalteten und zu Parteien wurden, wobei jede Partei froh ist über das, was sie hat. (Vgl. 21,93; 23,53)

6,159: Mit denen, die ihre Religion spalteten und zu Parteien wurden, hast du nichts zu schaffen.

42,13: Haltet die (Bestimmungen der) Religion ein und bringt keine Spaltungen hinein.

3,103.105: Und haltet allesamt am Seil Gottes fest und spaltet euch nicht. Und gedenket der Gnade Gottes zu euch, als ihr Feinde waret und Er Vertrautheit zwischen euren Herzen stiftete, sodass ihr durch seine Gnade Brüder wurdet … Und seid nicht wie diejenigen, die sich gespalten haben und uneins geworden sind, nachdem die deutlichen Zeichen zu ihnen gekommen waren. Bestimmt ist für sie eine gewaltige Pein.

98,4: Und diejenigen, denen das Buch zugekommen ist, haben sich erst gespalten, nachdem das deutliche Zeichen zu ihnen gekommen ist.

Der zweite Grundsatz definiert das Ziel, das Gott den Bemühungen der Gemeinschaft festgelegt hat:

9,33: Er ist es, der seinen Gesandten mit der Rechtleitung und der Religion der Wahrheit gesandt hat, um ihr die Oberhand zu verleihen über alle Religion, auch wenn es den Polytheisten zuwider ist. (Vgl. 48,28; 61,8–9)

Dieser Sieg sichert, dass die Religion Gottes alle Völker und alle Menschen erreicht, damit sie alle die Rechte

Gottes beachten und ihr Leben nach der Lebensordnung der glaubenstreuen Gemeinschaft gestalten.

Aufruf zur Annahme des Islams

Die Muslime haben den Auftrag, die Andersgläubigen
zur Annahme des Islams aufzurufen und ihnen die
Vorzüge ihres Glaubens und ihres Gesetzes deutlich
zu machen, auch wenn die letzte Entscheidung über
den Glaubensgehorsam nicht beim Propheten liegt:

> **3,20:** Und sprich zu denen, denen das Buch zugekom-
> men ist, und zu den Ungelehrten: Werdet ihr nun
> Muslime werden? Wenn sie Muslime werden, folgen
> sie der Rechtleitung. Wenn sie sich aber abkehren, so
> obliegt dir nur die Ausrichtung (der Botschaft).
> **42,48:** Wenn sie sich abwenden, so haben Wir dich
> nicht als Hüter über sie gesandt. Dir obliegt nur
> die Ausrichtung (der Botschaft). (Vgl. 36,17; 16,82;
> 29,18)

Muḥammad musste tatsächlich immer wieder erleben, dass er trotz vieler Argumente und eindringlicher
Ermahnungen nicht in der Lage war, die Polytheisten
und die »Leute des Buches« zum Islam zu bekehren.
Er kam daher zu der Überzeugung, dass die Annahme
bzw. die Verweigerung des Glaubens eine Bestimmung
der Allmacht Gottes sei und als das Geheimnis des Ver-
hältnisses zwischen der Allmacht Gottes und dem Ge-
wissen des Menschen verstanden werden muss. Nicht

einmal der Prophet ist berechtigt, sich darüber zu empören, auch er muss dies zur Kenntnis nehmen:

10,99: Wenn dein Herr wollte, würden die, die auf der Erde sind, alle zusammen gläubig werden. Bist du es etwa, der die Menschen zwingen kann, gläubig zu werden?

32,13: Und wenn Wir gewollt hätten, hätten Wir jedem Menschen seine Rechtleitung zukommen lassen.

6,149: Wenn Er wollte, würde Er euch allesamt rechtleiten. (Vgl. 6,35; 13,31)

16,9: Gott obliegt es, den richtigen Weg zu weisen. Es gibt ja welche, die abweichen. Wenn Er gewollt hätte, hätte Er euch allesamt rechtgeleitet. (Vgl. 6,35.149; 13,31)

16,37: Du magst dich noch so sehr bemühen, sie rechtzuleiten, Gott leitet nicht recht, wen Er (nun) irreführt. Und sie werden keinen Helfer haben.

12,103: Und die meisten Menschen sind nicht gläubig, du magst dich noch so sehr bemühen.

2,6–7: Denen, die ungläubig sind, ist es gleich, ob du sie warnst oder ob du sie nicht warnst; sie glauben nicht. Versiegelt hat Gott ihre Herzen und ihr Gehör, und über ihrem Augenlicht liegt eine Hülle. Und bestimmt ist für sie eine gewaltige Pein. (Vgl. 18,57; 45,23; 6,25)

Von der Rechtleitung und der Irreführung durch Gott sprechen zahlreiche Koranstellen:

6,39: Gott führt irre, wen Er will, und wen Er will, den bringt Er auf einen geraden Weg. (Vgl. 7,178; 2,142; 18,17; 17,97)

16,93: Und wenn Gott gewollt hätte, hätte Er euch zu einer einzigen Gemeinschaft gemacht. Aber Er führt irre, wen Er will, und Er leitet recht, wen Er will. (Vgl. 14,4; 35,8)

6,125: Wen Gott rechtleiten will, dem weitet Er die Brust für den Islam. Und wen Er irreführen will, dem macht Er die Brust beklommen und bedrückt, so als ob er in den Himmel hochsteigen würde.

7,186: Wen Gott irreführt, der hat niemanden, der ihn rechtleiten könnte. (Vgl. 39,23.37; 13,33)

Muḥammad weiß, »wem Gott kein Licht verschafft, für den gibt es kein Licht« (24,40). So ist er über den Unglauben seiner Landsleute voll Traurigkeit:

6,33: Wir wissen wohl, dass dich betrübt, was sie sagen.

Doch, so tröstet ihn der Koran, soll er sich dieser Traurigkeit nicht hingeben (vgl. 36,76; 16,127; 27,70; 31,23; 35,8; 10,65). Denn die Ungläubigen »können Gott nicht schaden« (3,176; vgl. 11,57; 47,32; 3,144; 9,39).

Im Übrigen erleidet Muḥammad dabei das Los aller Propheten, die alle ihre Gegner hatten (vgl. 25,31). So soll er seiner Sendung treu bleiben, Gott wird ihn schützen (vgl. 5,67).

Für den Unglauben der Menschen, für ihren Ungehorsam und ihre verkehrte Handlungsweise trägt er

keine Verantwortung: »Wenn sie gegen dich ungehorsam sind, dann sprich: Ich bin unschuldig an dem, was
ihr tut« (26,216; vgl. 11,35; 28,55; 42,15; 10,41; 34,25;
2,139). Er darf sich ruhig von ihnen abwenden und
sie Gottes Urteil überlassen (vgl. 53,29–30; 37,174.178;
15,94; 43,83; 32,30).

Angesichts dieser Situation, die das Geheimnis des
Gewissens, der menschlichen Freiheit und der göttlichen Allmacht ausdrückt, gilt der Grundsatz:

2,256: Es gibt keinen Zwang in der Religion.

Dieser Grundsatz ist das Fundament der islamischen
Toleranz in Sachen des Glaubens und der religiösen
Praxis. Die islamische Tradition hat diesen Vers als
Verbot verstanden, die Menschen zum Glauben zu
zwingen, nicht nur als Feststellung, dass keiner außer
Gott die Menschen zum Glauben zwingen kann[5].

Aber der Koran spricht sich nicht endgültig für eine
starre Prädestination aus. Er geht auch davon aus, dass
der Glaube möglich ist und dass alle Menschen die
Pflicht haben, sich für den Glauben zu entscheiden
und dem Willen Gottes zu gehorchen.

Das ist eine Folge der Lehre von der Uroffenbarung
und dem Urpakt. Die von den Propheten immer wie-

---

5 R. Paret interpretiert diesen Vers im Sinne einer Feststellung,
   vgl. »Sure 2,256: lā ikrāha fī d-dīni. Toleranz oder Resigna-
   tion?«, in: Der Islam 45 (1969), S. 299–300; auch in: Der Koran, hrsg. v. R. Paret (= Wege der Forschung, Bd. 327), Darm-
   stadt 1975, S. 306–308; ders., Der Koran. Kommentar und
   Konkordanz, Stuttgart 1971, S. 54–55.

der einheitlich verkündete Offenbarung ist ja keine je neue Wahrheit, sondern vielmehr eine eindringliche Erinnerung an die ursprüngliche Offenbarung, die Gott allen Menschen zuteil werden ließ, und eine Mahnung zur Treue der ursprünglichen Verpflichtung gegenüber, die Gott den Menschen in ihren vorzeitlichen Anfängen auferlegt hat. Die Botschaft der Propheten ist also ein immer wieder abgegebenes Zeugnis für die Uroffenbarung und eine Bestätigung des bestehenden Urpaktes.

Die vorzeitliche Offenbarung wird im Koran in folgender Form dargestellt:

> **7,172:** Und als dein Herr aus den Lenden der Kinder Adams ihre Nachkommenschaft nahm und gegen sich selbst zeugen ließ: »Bin Ich nicht euer Herr?« Sie sagten: »Jawohl, wir bezeugen es.«

Somit wird festgestellt, dass der Glaube an den einen, einzigen Gott und die Anerkennung seiner Souveränität und Herrschaft im Herzen eines jeden Menschen eingepflanzt ist. Obwohl viele Menschen sich mit dem Glauben schwertun, sich von Gott und seinen Wegen aus verschiedenartigen Gründen abbringen lassen, bleibt doch die Spur der Offenbarung so tief im Menschen verwurzelt, dass ihm der Zugang zur Gotteserkenntnis nie endgültig versperrt wird. Wer ein ehrliches Herz, ein reines Auge, einen einsichtigen Verstand besitzt, kommt zur Erkenntnis Gottes. Denn die Zeichen Gottes sind so zahlreich und so deutlich in seiner Schöpfung vorhanden, dass man sie als Hinweis auf Gottes Allmacht und Vorsehung verstehen kann (vgl. 2,164; 6,99; 24,43–44; 30,17–25; 43,3; 3,190; 13,2–3; 41,37).

Wenn also die Uroffenbarung im Herzen des Menschen so tief verwurzelt ist, wenn sie zudem die menschliche Vernunft nicht vergewaltigt, sondern noch verständiger und einsichtiger macht, dann gehört die Erkenntnis Gottes und die Anerkennung seiner Herrschaft zu den natürlichen Anlagen eines jeden Menschen.

Die ursprüngliche Offenbarung beinhaltet nicht nur die Aufforderung, an Gott zu glauben, sondern auch die Anerkennung seiner Souveränität. Daraufhin nahm Gott von den Menschen die Verpflichtung entgegen, ihm allein zu dienen. In diesem Urpakt antworten die Menschen auf die Offenbarung Gottes mit dem totalen Gehorsam des Glaubens und der totalen Hingabe in seinen absoluten Willen:

36,60–61: Habe Ich euch, o ihr Kinder Adams, nicht auferlegt, ihr sollt nicht dem Satan dienen – er ist euch ja ein offenkundiger Feind –, ihr sollt Mir dienen – das ist ein gerader Weg.

So gibt es keine Entschuldigung für die Verweigerung des Glaubens und des Gehorsams:

7,172–173: Und als dein Herr aus den Lenden der Kinder Adams ihre Nachkommenschaft nahm und gegen sich selbst zeugen ließ: »Bin Ich nicht euer Herr?« Sie sagten: »Jawohl, wir bezeugen es.« (Dies,) damit ihr nicht am Tag der Auferstehung sagt: »Wir ahnten nichts davon«, oder auch nicht sagt: »Unsere Väter waren doch zuvor Polytheisten, und wir sind nur eine Nachkommenschaft von ihnen.«

Die Propheten haben ja jedem Volk die Botschaft erneut überbracht: Sie öffneten den Menschen die Augen für die Zeichen der Schöpfung und der Geschichte, sie versuchten, sie von ihren Irrwegen ins Licht zu führen, sie mahnten sie, Gott zu gehorchen.

Durchsetzung der Rechte Gottes

Diejenigen, die die Treue zu Gott und seinem Willen halten, das sind die gläubigen Muslime; die sich Gott widersetzen, das sind die Ungläubigen. Den Unterschied zwischen Gläubigen und Ungläubigen macht der Koran im folgenden Vers deutlich:

2,257: Gott ist der Freund derer, die glauben: Er führt sie aus den Finsternissen hinaus ins Licht. Diejenigen, die nicht glauben, haben die Götzen zu Freunden; sie führen sie aus dem Licht hinaus in die Finsternisse. Das sind die Gefährten des Feuers, sie werden darin ewig weilen.

Dies bedeutet, dass Gläubige und Ungläubige nicht gleichgestellt sind. Nur die Muslime können sicher sein, dass Gott ihre Ergebung und Treue annimmt:

3,85: Wer eine andere Religion als den Islam sucht,

von dem wird es nicht angenommen werden. Und im
Jenseits gehört er zu den Verlierern.

Für die, die den Glauben verweigern, hält Gott ihre
verdiente Strafe im Jenseits bereit:

> **10,45**: Und am Tag, da Er sie versammelt, als hätten
> sie nur eine Stunde vom Tag verweilt, um einander
> kennen zu lernen. Den Verlust haben diejenigen, die
> die Begegnung mit Gott für Lüge erklärt haben und
> der Rechtleitung nicht gefolgt sind.

Auch im Diesseits ereilt die Strafe Gottes die Ungläubigen. Die Geschichte der Propheten zeugt vom
diesseitigen Zorn Gottes über diejenigen, die seine
Gesandten abgewiesen und den Glauben verwei-
gert haben (vgl. die Straflegenden 7,59–64: Noach;
7,65–72: Hūd; 7,73–79: Ṣāliḥ; 7,80–84: Lot; 7,85–93:
Shuʿayb; 7,94–102: Zusammenfassung und Schluss-
folgerungen). Gegen diejenigen, die ihren Propheten
drohten, spricht Gott: »Verderben werden Wir die,
die Unrecht tun« (14,13). Die Spuren der vergange-
nen Völker zeugen davon, wie schrecklich die Rache
Gottes ausfallen kann.

Es gilt für alle Völker und Gemeinschaften folgende
Feststellung und Drohung:

> **17,58**: Und es gibt keine Stadt, die Wir nicht vor dem
> Tag der Auferstehung verderben oder mit einer har-
> ten Pein peinigen würden.

Denn Gott handelt an den Menschen, wie sein souveräner Wille es vorsieht, und er besitzt die Mittel, die Menschen, die Erde und den gesamten Kosmos zu seiner Anbetung zu führen, bereitwillig oder gezwungen:

13,15: Und vor Gott wirft sich, wer in den Himmeln und auf der Erde ist, nieder, ob freiwillig oder widerwillig …

Auch im Hinblick auf die Annahme des Islams sollen die Menschen die Mahnung Gottes ernst nehmen:

3,83: Suchen sie sich etwa eine andere Religion als die Religion Gottes, wo Ihm ergeben ist, was in den Himmeln und auf der Erde ist, ob freiwillig oder widerwillig …?

Diskussion

Ein erstes Mittel, die Menschen zur Annahme des Glaubens zu führen, ist das Gespräch und die Auseinandersetzung mit den Ungläubigen.

16,125: Ruf zum Weg deines Herrn mit Weisheit und schöner Ermahnung, und streite mit ihnen auf die beste Art.

Es geht hier nicht um Streit, es ist in erster Linie ein Aufruf zum Glauben. So müssen einige Verhaltensregeln beachtet werden. Die Muslime dürfen sich nicht auf die Seite der Ungläubigen ziehen lassen, denen die

Satane eingeben, mit ihnen zu streiten: »Wenn ihr ihnen gehorcht, seid ihr sogleich Polytheisten« (6,121). Sie sollen auch nicht in die entgegengesetzte Haltung verfallen und anfangen, sich gegen die Götzen der Polytheisten ausfällig zu äußern:

> **6,108**: Und schmäht nicht diejenigen, die sie anstelle Gottes anrufen, damit sie nicht in Übertretung ohne (richtiges) Wissen Gott schmähen.

Sollten die Ungläubigen die Diskussion zum Anlass nehmen, mit den Versen Gottes ihren Spott zu treiben, so soll man das Gespräch verweigern, bis sie ein anderes Thema einbringen, oder man soll sie einfach stehen lassen:

> **6,68**: Und wenn du diejenigen siehst, die auf unsere Zeichen (spottend) eingehen, dann wende dich von ihnen ab, bis sie auf ein anderes Gespräch eingehen.
>
> **4,140**: Ihr sollt, wenn ihr hört, dass Leute die Zeichen Gottes verleugnen und über sie spotten, euch nicht zu ihnen setzen, bis sie auf ein anderes Gespräch eingehen. Sonst seid ihr ihnen gleich.
>
> **6,70**: Und lass diejenigen sitzen, die ihre Religion zum Gegenstand von Spiel und Zerstreuung nehmen und die das diesseitige Leben betört.

Wenn die Widersacher des Propheten die Echtheit seiner Botschaft und die Berechtigung seines Weges hart bestreiten, so soll er solche unnütze Dispute mit ihnen meiden; er soll sie auf Gott verweisen, denn ihm gehört die letzte Entscheidung über alle Angelegenheiten der Menschen am Tag der allgemeinen Abrechnung:

> **22,67–69**: Für jede Gemeinschaft haben Wir einen Ritus festgelegt, den sie zu vollziehen haben. So sollen sie nicht mit dir über die Angelegenheit Streit führen. Und rufe zu deinem Herrn. Siehe, du folgst einer geraden Rechtleitung. Und wenn sie doch mit dir streiten, dann sprich: Gott weiß besser, was ihr tut. Gott wird am Tag der Auferstehung zwischen euch über das urteilen, worüber ihr uneins wart.

Er, der Prophet, hat lediglich die eine Pflicht, die ihm eingegebene Offenbarung zu verkünden und die an ihn ergangene Ermahnung den Menschen vorzutragen, ohne zu meinen, er würde sie auf jeden Fall zum Glauben führen und ihren Widerstand brechen können:

> **27,91–92**: Und mir ist befohlen worden, einer der Gottergebenen zu sein, und den Koran zu verlesen. Wer der Rechtleitung folgt, folgt ihr zu seinem eigenen Vorteil. Und wenn einer irregeht, dann sprich: Ich bin ja nur einer der Warner.
>
> **16,82**: Wenn sie sich abkehren, so obliegt dir nur die deutliche Ausrichtung (der Botschaft). (Vgl. 29,18; 42,48)

Gott allein besitzt letztlich die Macht, die Menschen rechtzuleiten:

43,40: Willst du denn die Tauben hören lassen oder die Blinden und die, die sich in einem offenkundigen Irrtum befinden, rechtleiten? (Vgl. 27,80–81;10,42–43; 30,52–53)

28,56: Du kannst nicht rechtleiten, wen du gern möchtest. Gott ist es, der rechtleitet, wen Er will. Er weiß besser, wer der Rechtleitung folgt. (Vgl. 16,37)

6,39: Und diejenigen, die unsere Zeichen für Lüge erklären, sind taub, stumm, in Finsternissen. Gott führt irre, wen Er will, und wen Er will, den bringt Er auf einen geraden Weg.

2,272: Es ist nicht deine Aufgabe, sie rechtzuleiten, sondern Gott leitet recht, wen Er will. (Vgl. 4,88)

Einsatz auf dem Weg Gottes

Wenn aber der Prophet bei den Menschen auf aktiven Widerstand, auf Feindseligkeit und sogar auf gefährliche Gewalttätigkeit trifft, so hat er sich für Gott und die Gemeinschaft der Gläubigen einzusetzen.

Die Haltung der Widersacher ist die der Missbilligung und der Aggressivität:

22,72: Und wenn ihnen unsere Zeichen als deutliche Beweise verlesen werden, dann erkennst du im Gesicht derer, die ungläubig sind, die Missbilligung. Am liebsten würden sie über die herfallen, die ihnen unsere Zeichen verlesen.

Sie richten auf der Erde viel Unheil an:

13,25: Diejenigen, die den Bund Gottes, nachdem er geschlossen worden ist, brechen, und das zerschneiden, was Gott befohlen hat zu verbinden, und auf der Erde Unheil stiften, die werden den Fluch Gottes und eine schlimme Wohnstätte erhalten. (Vgl. 2,26–27; 7,56)

Sie sind darauf aus, die Menschen vom Weg Gottes abzuhalten:

7,44–45: Da ruft ein Rufer unter ihnen aus: »Gottes Zorn komme über die, die Unrecht tun, die vom Weg Gottes abweisen und sich ihn krumm wünschen, und die ja das Jenseits verleugnen.«

4,160 (Vorwurf gegen die Juden): Und wegen der Ungerechtigkeit derer, die Juden sind, haben Wir ihnen köstliche Dinge verboten, die ihnen (sonst) erlaubt waren, und weil sie viele vom Weg Gottes nachdrücklich abweisen.

Sie versuchen sogar, die Gläubigen vom Weg Gottes abzubringen:

2,217: Sie fragen dich nach dem heiligen Monat, nach dem Kampf in ihm. Sprich: Der Kampf in ihm ist schwerwiegend; aber (die Menschen) vom Wege Gottes abweisen, an Ihn nicht glauben, den Zugang zur heiligen Moschee verwehren und deren Anwohner daraus vertreiben, (all das) wiegt bei Gott schwerer. Verführen wiegt schwerer als Töten. Sie hören nicht auf, gegen euch zu kämpfen, bis sie euch von eurer Religion abbringen, wenn sie es können.

Die Gläubigen ihrerseits sollen nicht nur die für ihre Gegner bereitgestellte Höllenstrafe (vgl. 22,72) abwarten. Sie dürfen die ihnen angetane Gewalttätigkeit zurückweisen. Denn Gott kann und wird seinem Gesandten Gewalt über die Menschen geben:

> **59,6:** Gott verleiht vielmehr seinen Gesandten Gewalt, über wen Er will. Und Gott hat Macht zu allen Dingen.

Und er hat selbst erklärt:

> **58,21:** Gott hat vorgeschrieben: »Siegen werde Ich, Ich und meine Gesandten.« Gott ist stark und mächtig.
> **5,56:** Die Partei Gottes sind die Obsiegenden.

Durch den Einsatz des Propheten und der Muslime auf dem Weg Gottes soll die von Gott für die Menschen bestimmte Religion – der Islam – den Sieg über alle anderen Religionen erringen:

> **61,9:** Er ist es, der seinen Gesandten mit der Rechtleitung und der Religion der Wahrheit gesandt hat, um ihr die Oberhand zu verleihen über alle Religion, auch wenn es den Polytheisten zuwider ist. (Vgl. 48,28; 9,33)

So werden die Rechte Gottes bei den Menschen zur Geltung kommen und der Sieg des Islams gesichert werden. Nun sollen sich die Muslime für Gott und seine Religion einsetzen und um seine Vorherrschaft in der Welt bemühen:

22,78: Und setzt euch für Gott ein, wie der richtige Einsatz für Ihn sein soll.

Die Art und Weise, wie dieser Einsatz erfolgen soll, wird in folgenden Versen beschrieben:

48,29: Muḥammad ist der Gesandte Gottes. Und diejenigen, die mit ihm sind, sind den Ungläubigen gegenüber heftig, gegeneinander aber barmherzig.

9,123: O ihr, die ihr glaubt, kämpft gegen diejenigen von den Ungläubigen, die in eurer Nähe sind. Sie sollen von eurer Seite Härte spüren. Und wisst, dass Gott mit den Gottesfürchtigen ist.

66,9: O Prophet, setze dich gegen die Ungläubigen und die Heuchler ein und fasse sie hart an. Ihre Heimstätte ist die Hölle – welch schlimmes Ende! (Vgl. 9,73)

61,4: Gott liebt die, die auf seinem Weg kämpfen in einer Reihe, als wären sie ein festgefügter Bau.

Die in diesen Texten erkennbare Härte erklärt sich durch die tödliche Bedrohung, der die islamische Gemeinschaft von Seiten der mekkanischen Gegner und deren Verbündeter ausgesetzt war:

61,8–9: Sie wollen das Licht Gottes mit ihrem Mund auslöschen. Aber Gott wird sein Licht vollenden, auch wenn es den Ungläubigen zuwider ist. Er ist es, der seinen Gesandten mit der Rechtleitung und der Religion der Wahrheit gesandt hat, um ihr die Oberhand zu verleihen über alle Religion, auch wen es den Polytheisten zuwider ist. (Vgl. 9,32–33; 48,28)

Diese Haltung und die sich daraus ergebenden Anweisungen des Korans bilden die Grundlage der endgültigen Bestimmungen des islamischen Gesetzes in bezug auf das Verhältnis der islamischen Gemeinschaft zu den Nicht-Muslimen. Sie bilden auch über die Zeit des Propheten Muḥammad und der islamischen Frühgemeinde in Medina hinaus das Fundament der klassischen Theorie des Heiligen Krieges im Mittelalter und grundsätzlich auch bis in unsere Tage hinein.

Kapitel IV

Schutz des Islams vor innerer Gefährdung

Die Gefährdung der islamischen Gemeinschaft nach innen rührt vor allem vom Verhalten der Heuchler und der Abtrünnigen her.

Die Heuchler

Die Heuchler haben Krankheit in ihren Herzen. Sie sind Frevler, und sie werden, wenn sie nicht umkehren (4,146), die Pein Gottes im Jenseits, die Hölle und das Feuer, zu spüren bekommen (vgl. 4,115.145; 9,52.68.73.74.95; 33,24.73; 48,6; 57,15). Ihre Werke sind wertlos (5,53), sie erhalten keine Vergebung von Gott (63,6). Gott verflucht sie im Gegenteil (33,61; 48,6).

Auch wenn die Heuchler inmitten der Gemeinde leben, sollen die treuen Gläubigen ihnen kein Vertrauen schenken. Im Gegenteil, wegen der Gefährdung des Glaubens, die ihr Verhalten hervorruft, wird den Muslimen eingeschärft: »Nehmt euch niemanden von ihnen zum Freund« (4,89). Auch Muḥammad soll zu ihnen in deutlichen Ermahnungsworten sprechen:

4,63: Das sind die, von denen Gott weiß, was in ihren Herzen ist. Wende dich von ihnen ab, ermahne sie und sprich zu ihnen über sie selbst eindringliche Worte.

4,105: Sei nicht ein Anwalt der Verräter …

Gerade wegen ihrer verräterischen Haltung soll Muḥammad mit ihnen äußerst vorsichtig umgehen. Nicht einmal ihre Spenden soll er annehmen:

9,53: Ihr mögt freiwillig oder widerwillig spenden, es wird von euch doch nicht angenommen werden. Ihr seid ja frevlerische Leute.

Gott bereitet ihnen, insofern sie ihre Haltung nicht ändern, nicht nur die jenseitige Pein, sondern auch eine diesseitige Strafe:

9,74: Wenn sie umkehren, ist es besser für sie. Und wenn sie sich abkehren, wird Gott sie mit einer schmerzhaften Pein peinigen im Diesseits und Jenseits. Und sie werden auf der Erde weder Freund noch Helfer haben.

Die Vollstreckung dieser diesseitigen Strafe obliegt dem Propheten Muḥammad und der islamischen Gemeinschaft:

33,60: Wenn die Heuchler und diejenigen, in deren Herzen Krankheit ist, und diejenigen, die beunruhigende Falschmeldungen in der Stadt verbreiten, (damit) nicht aufhören, werden Wir dich bestimmt gegen sie antreiben. Dann werden sie nur noch kurze Zeit in deiner Nachbarschaft darin wohnen.

9,73: O Prophet, setz dich gegen die Ungläubigen und die Heuchler ein und fasse sie hart an. Ihre Heimstätte ist die Hölle. (= 66,9)

»Gott bekämpfe sie!«, verwünscht sie der Koran (63,4). Auch die Muslime sollen sie bekämpfen:

33,61: Verflucht sind sie. Wo immer man sie trifft, wird man sie ergreifen und unerbittlich töten.

4,89: Wenn sie sich abkehren, dann greift sie und tötet sie, wo immer ihr sie findet …

4,91: Wenn sie sich nicht von euch fernhalten und euch nicht den Frieden anbieten und ihre Hände nicht zurückhalten, dann greift sie und tötet sie, wo immer ihr sie trefft. Über solche Leute haben Wir euch eine offenkundige Gewalt verliehen.

Wenn sie jedoch den Frieden anbieten, dann »erlaubt Gott nicht, gegen sie vorzugehen« (4,90). Muḥammad ist sogar bereit, ihnen auch eine Chance zu geben (48,26), damit sie doch umkehren und ihre Treue unter Beweis stellen können.

Die Abtrünnigen

Für die Muslime bilden der Glaube und das Gesetz des Korans als Ausdruck des Willens Gottes die Mitte ihres Lebens, sie verpflichten die einzelnen und die Gemeinschaft. Der Glaube verleiht allen menschlichen Werken ihren Bestand und ihren Wert.

Der Unglaube macht umgekehrt alle Werke hinfällig und wertlos:

2,217: Diejenigen von euch, die sich nun von ihrer Religion abwenden und als Ungläubige sterben, deren Werke sind im Diesseits und im Jenseits wertlos. (Vgl. 7,147; 33,19)

Dies gilt sowohl für die Beurteilung der Taten im Diesseits wie für die Abrechnung im Jenseits:

47,1: Denen, die ungläubig sind und vom Weg Gottes abweisen, lässt Er ihre Werke fehlgehen.

Und wenn sie in ihrem Unglauben sterben, wird Gott ihnen nicht vergeben:

47,34: Denen, die ungläubig sind und vom Weg Gottes abweisen und dann als Ungläubige sterben, wird Gott niemals vergeben.

2,161: Über diejenigen, die nicht glauben und als Ungläubige sterben, kommt der Fluch Gottes und der Engel und der Menschen allesamt.

4,18: Die gnädige Zuwendung gilt aber nicht für die, welche die bösen Taten begehen, so dass erst, wenn der Tod einem vom ihnen naht, dieser sagt: »Ich bereue jetzt«; und auch nicht für die, die als Ungläubige sterben.

Bestimmt ist für sie die Höllenstrafe.

Das gilt gleichermaßen von den abtrünnigen Muslimen:

2,217: Diejenigen von euch, die sich nun von ihrer Religion abwenden und als Ungläubige sterben, deren Werke sind im Diesseits und im Jenseits wertlos. Das sind die Gefährten des Feuers; sie werden darin ewig weilen.

Der Abfall vom Glauben gilt als die größte Schuld, er ist die schwerste Sünde, die der Mensch je begehen kann. Der Koran entrüstet sich über diejenigen, die ihren islamischen Glauben ablegen:

3,86–91: … die ungläubig geworden sind, nachdem sie gläubig waren … Die Vergeltung für sie ist, dass der Fluch Gottes und der Engel und der Menschen allesamt über sie kommt. … Nicht die Erde voll Gold würde von einem von ihnen angenommen, auch wenn er sich damit loskaufen wollte. Für sie ist eine schmerzhafte Pein bestimmt, und sie werden keine Helfer haben.

16,106–107: Wer Gott verleugnet, nachdem er gläubig war – außer dem, der gezwungen wird, während sein Herz im Glauben Ruhe gefunden hat –, nein, diejenigen, die ihre Brust dem Unglauben öffnen, über die kommt ein Zorn von Gott, und bestimmt ist für sie eine gewaltige Pein. Dies, weil sie das diesseitige Leben mehr lieben als das Jenseits und weil Gott die ungläubigen Leute nicht rechtleitet.

4,137: Denen, die glauben und dann ungläubig werden, dann wieder glauben und dann wieder ungläubig werden und dann im Unglauben zunehmen, denen wird Gott unmöglich vergeben, und Er wird sie unmöglich einen rechten Weg führen.

5,5: Und wer den Glauben leugnet, dessen Werk ist

wertlos und im Jenseits gehört er zu den Verlierern. (Vgl. oben 2,217)

Für den Abfall vom Glauben sieht der Koran über die jenseitige Strafe Gottes hinaus keine ausdrückliche diesseitige Strafe vor. Dagegen kennt die Tradition hierfür die Todesstrafe. Sie bezieht sich hier auf eine Koranstelle an, die zwar direkt die Heuchler betrifft, aber auch gegen die Abtrünnigen gilt: »... Wenn sie sich abkehren, dann greift sie und tötet sie, wo immer ihr sie findet, und nehmt euch niemanden von ihnen zum Freund oder Helfer« (4,89).

Auch Muḥammad habe sich in diesem Sinn geäußert: »Wer seine Religion wechselt, den tötet« (bei Bukhārī). Und: »Das Blut eines Muslims ist nur in drei Fällen freigegeben: bei Apostasie nach dem Glauben, bei Unzucht nach legitimer Eheschließung und bei einem nicht als Blutrache verübten Mord« (bei Bukhārī und Muslim). Es liegen auch sonst Berichte vor, die bestätigen, dass Muḥammad für den Abfall vom Glauben die Todesstrafe festgesetzt hat. Auch nach seinem Tod wurde diese Vorschrift angewandt, vornehmlich im Zusammenhang mit dem Krieg gegen die arabischen Stämme, die sich vom Islam abgewandt hatten (im sogenannten Ridda-Krieg), und auch danach unter dem Khalifen ᶜUmar.

So sind sich die Rechtsgelehrten aller klassischen Schulen bislang über das Strafmaß für die Apostasie einig: die Todesstrafe. Kritische Anmerkungen werden erst in jüngster Zeit geäußert.

Kapitel V

Die islamische Gemeinschaft und die Ungläubigen

Um die islamische Gemeinschaft vor den äußeren Gefahren, die ihr von Seiten der Ungläubigen drohen, zu schützen, hat der Koran verschiedene Maßnahmen vorgesehen und entsprechende Bestimmungen festgelegt.

Keine Gemeinschaft mit Ungläubigen

Eine erste Schutzmaßnahme lautet: Die Muslime sollen keine Gemeinschaft mit ihren Feinden, den Feinden Gottes und seines Propheten haben. Dies gilt in bezug auf verschiedene Bereiche des praktischen Lebens.

Speisen

Was ausgesprochen heidnisch ist, das Fleisch von Tieren, die unter Anrufung der Götzen geschlachtet wurden – das sind vor allem die Opfertiere – ist den Muslimen verboten. Nur derjenige, der sich in einer Zwangslage befindet, darf davon essen:

16,115: Verboten hat Er euch Verendetes, Blut, Schweinefleisch und das, worüber ein anderer als Gott angerufen worden ist. Wenn aber einer gezwungen wird, wobei er weder Auflehnung noch Übertretung begeht, so ist Gott voller Vergebung und barmherzig. (Vgl. 2,173)

6,145: Sprich: In dem, was mir offenbart wurde, finde ich nicht, dass etwas für den Essenden zu essen verboten wäre, es sei denn, es ist Verendetes oder ausgeflossenes Blut oder Schweinefleisch – es ist ein Greuel – oder ein Frevel, worüber ein anderer als Gott angerufen worden ist. Wenn aber einer gezwungen wird, wobei er weder Auflehnung noch Übertretung begeht, so ist dein Herr voller Vergebung und barmherzig.

Die Abgrenzung von den Heiden wurde noch deutlicher, als der Koran forderte, allein der Name Gottes dürfe angerufen werden, und damit die Bestimmung erheblich verschärfte:

6,121: Und esst nicht von dem, worüber der Name Gottes nicht ausgesprochen worden ist. Das ist Frevel.

Heirat

Auch im Bereich der Familie sollen keine Verwandtschaftsbande zwischen Muslimen und Polytheisten bestehen. So dürfen die Muslime die Ungläubigen nicht durch Heirat in ihre Familie aufnehmen:

2,221: Und heiratet nicht polytheistische Frauen, bis sie gläubig geworden sind. Wahrlich, eine gläubige Sklavin ist besser als eine polytheistische Frau, auch wenn sie euch gefallen sollte. Und lasst die Polytheisten nicht zur Heirat zu, bis sie gläubig geworden sind. Wahrlich, ein gläubiger Sklave ist besser als ein Polytheist, auch wenn er euch gefallen sollte. Jene rufen zum Feuer. Gott aber ruft zum Paradies und zur Vergebung mit seiner Erlaubnis.

Der Koran (60,10) gibt Anweisungen für den Fall, dass Frauen aus dem Gebiet der Polytheisten zur islamischen Gemeinschaft kommen und dann dort auch einheiraten möchten. Man soll ihren Glauben prüfen; ist das Ergebnis positiv und hat man festgestellt, dass sie nun gläubige Frauen geworden sind, dann »schickt sie nicht zu den Ungläubigen zurück. Zur Ehe sind weder diese Frauen ihnen erlaubt, noch sind sie diesen Frauen erlaubt.« Die Muslime dürfen diese Frauen zu Gattinnen nehmen und sie wie die anderen gläubigen Frauen ihrer Gemeinschaft behandeln. So bringt die Konversion den neuen Gläubigen die volle Integration in die Gemeinschaft. Die Muslime, deren Frauen sich doch nicht bekehren wollen, werden angewiesen:

60,10: Und haltet nicht am Eheband mit den ungläubigen Frauen fest, und fordert, was ihr (bei der Eheschließung) ausgegeben habt, zurück. Auch sie sollen zurückfordern, was sie ausgegeben haben. Das ist das Urteil Gottes; Er urteilt zwischen euch.

Somit zieht der Koran eine klare Trennungslinie zwischen der islamischen Gemeinschaft und der Gesellschaft der Ungläubigen und Polytheisten.

Gesellschaftliche Beziehungen

Der Zusammenhalt der islamischen Gemeinschaft fordert von den Muslimen, dass sie keine freundlichen Beziehungen zu den Ungläubigen unterhalten. Denn solche Beziehungen unterminieren die Geschlossenheit und die Kampfbereitschaft der Muslime gegen ihre Widersacher. Die Zusammengehörigkeit der Gläubigen und die Solidarität der Gemeindemitglieder miteinander sollen dadurch gefestigt werden, dass sie ihre Freundschaft eher den Gläubigen als den Ungläubigen anbieten:

> **3,28:** Die Gläubigen sollen sich nicht die Ungläubigen anstelle der Gläubigen zu Freunden nehmen. Wer das tut, hat keine Gemeinschaft mit Gott, es sei denn, ihr hütet euch wirklich vor ihnen. Gott warnt euch vor sich selbst. Und zu Gott führt der Lebensweg.
>
> **4,144:** O ihr, die ihr glaubt, nehmt euch nicht die Ungläubigen anstelle der Gläubigen zu Freunden. Wollt ihr denn Gott eine offenkundige Handhabe gegen euch liefern?

Die innere Solidarität der Gemeinschaft sowie die Trennung zwischen Gläubigen und Ungläubigen wird so unterstrichen:

8,72: Diejenigen, die glaubten und ausgewandert sind und sich mit ihrem Vermögen und mit ihrer eigenen Person auf dem Weg Gottes eingesetzt haben, und diejenigen, die (jene) untergebracht und unterstützt haben, sind untereinander Freunde[6].

8,75: Und diejenigen, die danach geglaubt haben und ausgewandert sind und sich mit euch eingesetzt haben, sie gehören zu euch.

So kommt zum gemeinsamen Glauben die gemeinsame Anstrengung im Kampf gegen die Widersacher hinzu. Damit festigt sich die innere Geschlossenheit der Gemeinschaft. Deswegen wird den Gläubigen in Medina vorgeschrieben:

8,72: Mit denen aber, die glauben und nicht ausgewandert sind, habt ihr keine Freundschaft zu pflegen, bis sie auswandern.

Wenn sie jedoch im Namen der Religion den Beistand der Muslime anfordern, so sind diese verpflichtet, diesen zu gewähren. Eine Einschränkung gilt jedoch auch in diesem Fall: Die Muslime müssen ihre Verträge halten; sie dürfen also ihre Glaubensbrüder nicht gegen ihre jeweiligen Vertragspartner unterstützen.

---

6 Diese Freundschaft, die die Emigranten (Muhādjirūn) und die Helfer (Anṣār), die Muhammad und seiner Gemeinde Beistand gewährten, verband, gründete in dem gemeinsamen Glauben und dem gemeinsamen Einsatz für den Islam. Sie bedeutete eine Beziehung wie die Verwandtschaft und schloss für eine Zeitlang das gegenseitige Erbrecht ein. Vgl. Ṭabarī, Korankommentar, zu 8,72 in den verschiedenen Ausgaben: z. B. hrsg. Shākir, Kairo 1374 H./1955 ff., Bd. 14, S. 78–79.

8,72: Wenn sie euch jedoch um Unterstützung wegen der (euch gemeinsamen) Religion bitten, so habt ihr die Pflicht zur Unterstützung, außer gegen Leute, zwischen denen und euch eine Vertragspflicht besteht. Und Gott sieht wohl, was ihr tut.

Denn diese Glaubensbrüder, die nicht mit den übrigen Muslimen nach Medina ausgewandert sind, gelten noch nicht als Mitglieder der islamischen Frühgemeinde um Muḥammad. Denn der Glaube ist zwar das Fundament der Zusammengehörigkeit der Muslimen, aber ihre vollkommene, auch politische Einheit erleben sie jedoch erst innerhalb der Gemeinschaft. So gilt es, eine scharfe Trennungslinie zwischen Gläubige und Ungläubige zu ziehen, sonst »wird es im Land Verführung und großes Unheil geben« (8,73). Die Richtlinie muss auch in Bezug auf die Verwandten, die ungläubig sind, beachtet werden:

58,22: Du wirst nicht feststellen, dass Leute, die an Gott und den Jüngsten Tag glauben, denen Liebe zeigen, die sich Gott und seinem Gesandten widersetzen, auch wenn sie ihre Väter wären oder ihre Söhne, ihre Brüder oder ihre Sippenmitglieder.

9,23–24: O ihr, die ihr glaubt, nehmt euch nicht eure Väter und eure Brüder zu Freunden, wenn sie den Unglauben dem Glauben vorziehen. Diejenigen von euch, die sie zu Freunden nehmen, das sind die, die Unrecht tun. Sprich: Wenn eure Väter, eure Söhne, eure Brüder, eure Gattinnen und eure Verwandten, ein Vermögen, das ihr erworben habt, eine Handelsware, die ihr fürchtet nicht loszuwerden, und Wohnungen, die euch gefallen, euch lieber sind als Gott und sein Gesandter und der Einsatz auf seinem Weg, dann wartet ab, bis Gott mit seinem Befehl kommt. Gott leitet die frevlerischen Leute nicht recht.

So ergeht endlich der Befehl:

5,57: O ihr, die ihr glaubt, nehmt euch … nicht die Ungläubigen zu Freunden.

Die Begründung dieser Vorschrift ist mannigfaltig. Die Ungläubigen sind die Feinde Gottes und die Feinde der Muslime (60,1).

8,60: Und rüstet gegen sie, was ihr an Kraft und an einsatzbereiten Pferden haben könnt, um damit den Feinden Gottes und euren Feinden Angst zu machen, sowie anderen außer ihnen, die ihr nicht kennt; Gott aber kennt sie.

Durch ihren Unglauben haben sie sich den Zorn Gottes zugezogen, deswegen sind sie nicht würdig, die Freunde der Gläubigen zu werden:

60,13: O ihr, die ihr glaubt, nehmt nicht Leute zu Freunden, auf die Gott zornig ist. Sie haben die Hoffnung auf das Jenseits aufgegeben, so wie die Ungläubigen die Hoffnung aufgegeben haben in Bezug auf die (Toten) in den Gräbern.

Sie sind die Feinde der Muslime auch deswegen, weil sie die Abmachungen nicht einhalten:

8,56: … mit denen du einen Vertrag geschlossen hast, die aber dann ihren Vertrag jedes Mal brechen und nicht gottesfürchtig sind.

Ja, sie sind immer wieder zum Verrat bereit:

8,58: Und wenn du von bestimmten Leuten Verrat fürchtest, so kündige ihnen (den Vertrag) so eindeutig auf, dass Gleichheit zwischen euch besteht. Gott liebt ja die Verräter nicht.

Als Zusammenfassung dieser Anweisungen des Korans können folgende Verse dienen:

60,1–3: O ihr, die ihr glaubt, nehmt euch nicht meine Feinde und eure Feinde zu Freunden, indem ihr ihnen Liebe entgegenbringt, wo sie doch das verleugnen, was von der Wahrheit zu euch gekommen ist, und den Gesandten und euch selbst vertreiben, weil ihr an Gott, euren Herrn, glaubt. (Haltet euch daran), wenn ihr wirklich ausgezogen seid zum Einsatz auf meinem Weg und im Streben nach meinem Wohlgefallen. Ihr zeigt ihnen heimlich Liebe, wo Ich doch besser weiß, was ihr verbergt und was ihr offenlegt. Und wer von euch das tut, der ist vom rechten Weg abgeirrt. Wenn sie euch treffen, sind sie euch feind und strecken gegen euch ihre Hände und ihre Zungen zum Bösen aus. Sie wünschten, ihr wäret ungläubig. Weder eure Verwandtschaftsbande noch eure Kinder werden euch nützen. Am Tag der Auferstehung wird Gott zwischen euch entscheiden. Und Gott sieht wohl, was ihr tut.

Der Kampf

Gegen die Feinde Gottes, des Propheten und der Muslime, erklärt der Koran schließlich den Kampf. Er erklärt diesen Kampf zur Pflicht der Gemeinschaft. Bei der Durchführung dieses Kampfes soll man jedoch je nach der Lage verschiedene Vorschriften beachten.

Die Übergriffe der Ungläubigen zurückschlagen

Immer wieder scheinen die Ungläubigen ihre Macht demonstrieren zu wollen; sogar Mitglieder der islamischen Gemeinschaft wie die Heuchler scheinen der Versuchung ausgesetzt zu sein, in den Reihen der Ungläubigen Verbündete zu suchen, um an ihrer Macht teilzuhaben. Der Koran droht ihnen eine schmerzhafte Strafe an, weil sie »sich die Ungläubigen anstelle der Gläubigen zu Freunden nehmen. Suchen sie denn bei ihnen die Macht? Alle Macht gehört Gott« (4,139).

Wenn nun die Ungläubigen Angriffe gegen die Muslime unternehmen, dann hat die islamische Gemeinschaft diese Angriffe zurückzuschlagen und die Verfolgung der Muslime durch entsprechende Vergeltungsaktionen zu beenden. Der Koran erinnert hier daran, dass es eine ähnliche Situation für die Juden zur Zeit des israelischen Königs Saul gegeben habe:

2,246: Sie sagten: »Warum sollten wir denn nicht auf dem Weg Gottes kämpfen, wo wir doch aus unseren Wohnstätten und von unseren Söhnen vertrieben worden sind?«

Aber anders als die Kinder Israels damals sollen die Muslime mit fester Entschlossenheit sowie mit der nötigen Mäßigung den Kampf führen:

2,190–194: Und kämpft auf dem Weg Gottes gegen diejenigen, die gegen euch kämpfen, und begeht keine Übertretungen. Gott liebt die nicht, die Übertretungen begehen. Und tötet sie, wo immer ihr sie trefft, und vertreibt sie, von wo sie euch vertrieben haben. Denn Verführen ist schlimmer als Töten. Kämpft nicht gegen sie bei der heiligen Moschee, bis sie dort gegen euch kämpfen. Wenn sie gegen euch kämpfen, dann tötet sie. So ist die Vergeltung für die Ungläubigen. Wenn sie aufhören, so ist Gott voller Vergebung und barmherzig. Kämpft gegen sie, bis es keine Verführung mehr gibt und bis die Religion nur noch Gott gehört. Wenn sie aufhören, dann darf es keine Übertretung geben, es sei denn gegen die, die Unrecht tun. Ein heiliger Monat (darf zur Vergeltung dienen) für einen heiligen Monat. Bei den heiligen Dingen gilt die Wiedervergeltung. Wer sich gegen euch vergeht, gegen den dürft ihr euch ähnlich vergehen, wie er sich gegen euch vergeht.

Der Koran erinnert die Gläubigen daran, dass Gott sie vor ihren Feinden errettet hat:

5,11: O ihr, die ihr glaubt, gedenket der Gnade Gottes zu euch, als gewisse Leute im Begriff waren, ihre Hände nach euch auszustrecken, und Er ihre Hände von euch zurückhielt. Und fürchtet Gott. Auf Gott sollen die Gläubigen vertrauen.

Und er ruft sie dazu auf, für die Sache Gottes zu kämpfen und gegen seine und ihre Feinde Krieg zu führen:

5,35: O ihr, die ihr glaubt, fürchtet Gott und sucht ein Mittel, zu Ihm zu gelangen, und setzt euch auf seinem Weg ein, auf dass es euch wohl ergehe.

Die Sure 8 des Korans gibt konkrete Beispiele für die Übergriffe der Polytheisten, die letztlich zu den Waffengängen von Badr (624) und Uḥud (625) geführt haben. Sie listet die Gründe auf, die die Muslime veranlassen sollen, gegen ihre Widersacher aus Mekka zu kämpfen:

- Die Mekkaner verfolgen die Muslime:

8,26: Und gedenket, als ihr auf der Erde waret und als Schwache behandelt wurdet und fürchtetet, dass euch die Menschen hinwegraffen würden. Da hat Er euch untergebracht und euch mit seiner Unterstützung gestärkt und euch (einiges) von den köstlichen Dingen beschert, auf dass ihr dankbar seid.

Diese Verfolgung nimmt verschiedene Gestalten an:

8,30: Und als diejenigen, die ungläubig sind, gegen dich

Ränke schmiedeten, um dich festzunehmen oder zu töten oder zu vertreiben. Sie schmiedeten Ränke, und Gott schmiedete Ränke. Gott ist der Beste derer, die Ränke schmieden.

- **Die Mekkaner verwehren den Muslimen den Zutritt in ihre Stadt und die Verrichtung des Gebets in der heiligen Stätte:**

8,34: Und warum sollte Gott sie nicht peinigen, wo sie (euch) von der heiligen Moschee abweisen und sie nicht seine Freunde sind?

2,214: Oder meint ihr, dass ihr ins Paradies eingehen werdet, noch ehe euch das Gleiche widerfahren ist wie denen, die vor euch dahingegangen sind? Not und Drangsal berührten sie, und sie wurden hin und her geschüttelt, so dass der Gesandte und diejenigen, die mit ihm gläubig waren, dann sagten: Wann kommt die Unterstützung Gottes? Wahrlich, die Unterstützung Gottes ist nahe.

- **Die Mekkaner sind bemüht, die übrigen Menschen vom Glauben abzuhalten:**

8,36: Diejenigen, die ungläubig sind, spenden ihr Vermögen, um vom Weg Gottes abzuweisen. Sie werden es spenden, und dann wird es ein Bedauern für sie sein.

Sie versuchen sogar, die Muslime zum Abfall vom Glauben zu verführen:

8,39: Und kämpft gegen sie, bis es keine Verführung mehr gibt und bis die Religion gänzlich nur noch Gott gehört. Wenn sie aufhören, so sieht Gott wohl, was sie tun.

- Die Mekkaner brechen immer wieder bindende Abmachungen (8,57). Man kann sich auf ihr Wort nicht verlassen; man muss vielmehr ihren Friedenswillen bezweifeln und sich immer auf einen neuen Verrat gefasst machen:

8,59: Und wenn du von bestimmten Leuten Verrat fürchtest, so kündige ihnen (den Vertrag) so eindeutig auf, dass Gleichheit zwischen euch besteht. Gott liebt ja die Verräter nicht.

Um sich nun vor den Ungläubigen, ihren Intrigen und Angriffen zu schützen, sollen die Muslime gegen sie Krieg führen:

8,60: Und rüstet gegen sie, was ihr an Kraft und an einsatzbereiten Pferden haben könnt, um damit den Feinden Gottes und euren Feinden Angst zu machen, sowie anderen außer ihnen, die ihr nicht kennt; Gott aber kennt sie.

8,57: Und wenn du sie im Krieg triffst, dann verscheuche mit ihnen diejenigen, die hinter ihnen stehen, auf dass sie es bedenken.

Sich auf einen bedingten Kampf einstellen

Der Krieg, zu dem der Koran aufruft, sollte zunächst einmal als ein bedingter Krieg betrachtet werden, denn er sollte nur ein Mittel sein, den Ungläubigen zu widerstehen, sie zu bestrafen und ihnen den Weg des Glaubens und des Gehorsams zu ebnen. Deswegen werden die Muslime ermahnt, gegenüber ihren Feinden Gerechtigkeit walten zu lassen und selbst keine Übertretung zu begehen[7], auch wenn sie den Hass ihrer Feinde zu spüren bekommen:

> **2,190:** Und kämpft auf dem Weg Gottes gegen diejenigen, die gegen euch kämpfen, und begeht keine Übertretungen. Gott liebt die nicht, die Übertretungen begehen.
>
> **5,2:** Und der Hass gegen bestimmte Leute, weil sie euch von der heiligen Moschee abgewiesen haben, soll euch nicht dazu verleiten, Übertretungen zu begehen. Helft einander zur Frömmigkeit und Gottesfurcht, und helft einander nicht zur Sünde und Übertretung. Und fürchtet Gott. Gott verhängt eine harte Strafe.
>
> **5,8:** Und der Hass gegen bestimmte Leute soll euch nicht dazu verleiten, nicht gerecht zu sein. Seid gerecht,

---

7 Ṭabarī überliefert eine Präzisierung von Ibn ʿAbbās: »Tötet nicht die Frauen, die Kinder, die Greise, diejenigen, die euch den Frieden anbieten und nicht gegen euch kämpfen! Wenn ihr aber es tut, dann habt ihr eine Übertretung begangen« (Korankommentar, zu 2,190: z. B. Ḥalabī-Ausgabe, Kairo ²1373 H./1954, Bd. 2, S. 190.

das entspricht eher der Gottesfurcht. Und fürchtet Gott. Gott hat Kenntnis von dem, was ihr tut.

Mit den Ungläubigen geschlossene Verträge, Abkommen und Vereinbarungen behalten ihre Gültigkeit und müssen, solange sie in Kraft sind, eingehalten werden:

8,72: Mit denen aber, die glauben und nicht ausgewandert sind, habt ihr keine Freundschaft zu pflegen, bis sie auswandern. Wenn sie euch jedoch um Unterstützung wegen der (euch gemeinsamen) Religion bitten, so habt ihr die Pflicht zur Unterstützung, außer gegen Leute, zwischen denen und euch eine Vertragspflicht besteht.

9,3–5: Und verkünde denen, die ungläubig sind, eine schmerzhafte Pein. Mit Ausnahme derer von den Polytheisten, mit denen ihr einen Vertrag geschlossen habt und die euch in nichts fehlen lassen und niemandem gegen euch beigestanden haben. So erfüllt ihnen gegenüber ihren Vertrag bis zu der ihnen eingeräumten Frist. Gott liebt die Gottesfürchtigen. Wenn die heiligen Monate abgelaufen sind, dann tötet die Polytheisten, wo immer ihr sie findet, greift sie, belagert sie und lauert ihnen auf jedem Weg auf. Wenn sie umkehren, das Gebet verrichten und die Abgabe entrichten, dann lasst sie ihres Weges ziehen: Gott ist voller Vergebung und barmherzig.

Noch mehr – und dies entspricht letztendlich ihrer Berufung, Zeugen für den Islam zu sein – sollen die Gläubigen bereit zur Versöhnung sein, sobald ihre Gegner mit ihren Feindseligkeiten aufhören:

> **2,193:** Wenn sie aufhören, dann darf es keine Übertretung geben, es sei denn gegen die, die Unrecht tun.
>
> **8,39:** Und kämpft gegen sie, bis es keine Verführung mehr gibt und bis die Religion gänzlich nur noch Gott gehört. Wenn sie aufhören, so sieht Gott wohl, was sie tun.

Und wenn die Feinde sich bereit erklären, Frieden zu halten, so soll Muḥammad dieses Angebot annehmen und nun selbst Frieden halten:

> **8,61:** Und wenn sie sich dem Frieden zuneigen, dann neige auch du dich ihm zu und vertrau auf Gott.
>
> **4,90:** Wenn sie sich von euch fernhalten und nicht gegen euch kämpfen und euch Frieden anbieten, dann erlaubt euch Gott nicht, gegen sie vorzugehen.
>
> **5,33–34:** … im Jenseits ist für sie eine gewaltige Pein bestimmt, außer denen, die umkehren, bevor ihr euch ihrer bemächtigt. Und wisst, dass Gott voller Vergebung und barmherzig ist.

Denn es geht letztendlich darum, Feinden und Widersachern aller Art, die bereit zur Umkehr sind, immer eine Möglichkeit bereitzuhalten, das Wort Gottes zu hören, sich vielleicht von den Vorzügen des Islams zu überzeugen, die Religion Gottes anzunehmen und somit in die Gemeinschaft der Gläubigen aufgenommen zu werden:

9,6: Und wenn einer von den Polytheisten dich um Schutz bittet, so gewähre ihm Schutz, bis er das Wort Gottes hört. Danach lass ihn den Ort erreichen, in dem er in Sicherheit ist. Dies, weil sie Leute sind, die nicht Bescheid wissen.

9,5: Wenn sie umkehren, das Gebet verrichten und die Abgabe entrichten, dann lasst sie ihres Weges ziehen: Gott ist voller Vergebung und barmherzig.

9,11: Wenn sie umkehren, das Gebet verrichten und die Abgabe entrichten, dann sind sie eure Brüder in der Religion.

Auch den totalen Krieg führen

Aber, wie die Erfahrung zeigt, waren die Mekkaner und die Feinde des Islams nicht bereit, ihr Wort und verbindliche Abmachungen einzuhalten:

9,8: Wie sollten sie dies tun, wo sie doch, wenn sie die Oberhand über euch bekommen, euch gegenüber weder Verwandtschaft noch Schutzbund beachten? Sie stellen euch zufrieden mit ihrem Munde, aber ihre Herzen sind voller Ablehnung. Und die meisten von ihnen sind Frevler.

9,10: Sie beachten einem Gläubigen gegenüber weder Verwandtschaft noch Schutzbund. Das sind die, die Übertretungen begehen.

9,12: Wenn sie aber nach Vertragsabschluss ihre Eide brechen und eure Religion angreifen, dann kämpft gegen die Anführer des Unglaubens. Für sie gibt es ja keine Eide. Vielleicht werden sie aufhören.

Die Ungläubigen beharren darauf, die Gläubigen zu bekämpfen und sie von ihrem Glauben abzubringen.

2,217: Sie fragen dich nach dem heiligen Monat, nach dem Kampf in ihm. Sprich: Der Kampf in ihm ist schwerwiegend; aber (die Menschen) vom Wege Gottes abweisen, an Ihn nicht glauben, den Zugang zur heiligen Moschee verwehren und deren Anwohner daraus vertreiben, (all das) wiegt bei Gott schwerer. (Vgl. oben 2,190–194)

So sollen die Muslime gegen ihre Feinde kämpfen, und zwar um ihr Leben (8,30: Und als diejenigen, die ungläubig sind, gegen dich Ränke schmiedeten, um dich festzunehmen oder zu töten oder zu vertreiben), – um ihren Glauben (61,8: Sie wollen das Licht Gottes mit ihrem Mund auslöschen. Aber Gott wird sein Licht vollenden, auch wenn es den Ungläubigen zuwider ist), – und um ihre Einheit. Denn, so der Koran, die Verführungsversuche der Ungläubigen sind schlimmer als Mord:

2,217: … Verführen wiegt schwerer als Töten. Sie hören nicht auf, gegen euch zu kämpfen, bis sie euch von eurer Religion abbringen, wenn sie es können. Diejenigen von euch, die sich nun von ihrer Religion abwenden und als Ungläubige sterben, deren Werke sind im Diesseits und im Jenseits wertlos.

Ja, so befiehlt es der Koran, die Muslime sollen den Kampf aufnehmen, auch in unzulässigen Zeiten, wie im heiligen Monat:

2,216: Vorgeschrieben ist euch der Kampf, obwohl er euch zuwider ist. Aber vielleicht ist euch etwas zuwider, während es gut für euch ist.

8,39: Und kämpft gegen sie, bis es keine Verführung mehr gibt und bis die Religion gänzlich nur noch Gott gehört.

2,193: Kämpft gegen sie, bis es keine Verführung mehr gibt und bis die Religion nur noch Gott gehört. Wenn sie aufhören, dann darf es keine Übertretung geben, es sei denn gegen die, die Unrecht tun.

Aber der Prophet braucht die Spenden der Gläubigen, um zum Kampf aufzurüsten:

2,261–262: Mit denen, die ihr Vermögen auf dem Weg Gottes spenden, ist es wie mit einem Saatkorn, das sieben Ähren wachsen lässt mit hundert Körnern in jeder Ähre. Gott gibt das Doppelte, wem Er will. Gott umfasst und weiß alles. Diejenigen, die ihr Vermögen auf dem Weg Gottes spenden und, nachdem sie gespendet haben, nicht auf ihr Verdienst pochen und nicht Ungemach zufügen, haben ihren Lohn bei ihrem Herrn, sie haben nichts zu befürchten, und sie werden nicht traurig sein.

2,270: Was ihr an Spenden spendet oder an Gelübden gelobt, Gott weiß es.

2,273–274: (Die Spenden sind) für die Armen, die

auf dem Weg Gottes Behinderung erleiden, sodass sie nicht im Land umherwandern können … Und was ihr an Gutem spendet, Gott weiß es. Diejenigen, die ihr Vermögen bei Nacht und Tag, geheim oder offen, spenden, haben ihren Lohn bei ihrem Herrn, sie haben nichts zu befürchten, und sie werden nicht traurig sein.

Für ihren Einsatz werden die Muslime und unter ihnen die Kämpfer im Heiligen Krieg reichlich belohnt.

2,218: Diejenigen, die glauben, und diejenigen, die ausgewandert sind und sich auf dem Weg Gottes eingesetzt haben, dürfen auf die Barmherzigkeit Gottes hoffen. Und Gott ist voller Vergebung und barmherzig.

4,74: Und wer auf dem Weg Gottes kämpft und daraufhin getötet wird oder siegt, dem werden Wir einen großartigen Lohn zukommen lassen.

Vor allem aber erwartet sie das Paradies:

2,154: Und sagt nicht von denen, die auf dem Weg Gottes getötet werden, sie seien tot. Sie sind vielmehr lebendig, aber ihr merkt es nicht.

47,4–6: Denen, die auf dem Weg Gottes getötet werden, lässt Er ihre Werke niemals fehlgehen. Er wird sie rechtleiten und ihre Angelegenheiten in Ordnung bringen, sie ins Paradies eingehen lassen, das Er ihnen zu erkennen gegeben hat.

3,157: Und wenn ihr auf dem Weg Gottes getötet

werdet oder sterbt, so ist Vergebung und Barmherzigkeit von Gott besser als das, was sie zusammentragen.

3,169–170: Halte diejenigen, die auf dem Weg Gottes getötet wurden, nicht für tot. Sie sind vielmehr lebendig bei ihrem Herrn, und sie werden versorgt, und sie freuen sich dabei über das, was Gott ihnen von seiner Huld zukommen ließ.

3,195: Denjenigen, die ausgewandert und aus ihren Wohnstätten vertrieben worden sind und auf meinem Weg Leid erlitten haben, die gekämpft haben und getötet worden sind, werde Ich ihre Missetaten sühnen und sie in Gärten eingehen lassen, unter denen Bäche fließen, als Belohnung von Gott.

4,100: Und wer aus seinem Haus hinausgeht, um zu Gott und seinem Gesandten auszuwandern, und dann vom Tod ereilt wird, dessen Lohn obliegt Gott.

9,111: Gott hat von den Gläubigen ihre eigene Person und ihr Vermögen dafür erkauft, dass ihnen das Paradies gehört, insofern sie auf dem Weg Gottes kämpfen und so töten oder getötet werden. Das ist ein Ihm obliegendes Versprechen …

Aber bereits bei der Kriegführung wird Gott den Kämpfern beistehen, er wird ihre Feinde schlagen, wie er früher manche Städte, die noch viel stärker waren, zugrunde gehen ließ:

47,13: Und wie manche Stadt, die eine stärkere Kraft hatte als deine Stadt, die dich vertrieben hat, haben Wir verderben lassen; und sie hatten keinen Helfer.

Während sie kämpfen, erhalten die Krieger manche Erleichterungen, z. B. was die Gebetsvorschriften anbelangt:

4,101: Und wenn ihr im Land umherwandert, ist es für euch kein Vergehen, das Gebet abzukürzen, falls ihr Angst habt, dass diejenigen, die ungläubig sind, euch der Anfechtung aussetzen.

Der Kampf selbst wird dem Propheten und den Gläubigen zugleich auferlegt:

66,9: O Prophet, setze dich gegen die Ungläubigen und die Heuchler ein und fasse sie hart an. Ihre Heimstätte ist die Hölle – welch schlimmes Ende!

48,29: Muḥammad ist der Gesandte Gottes. Und diejenigen, die mit ihm sind, sind den Ungläubigen gegenüber heftig, gegeneinander aber barmherzig.

5,54: O ihr, die ihr glaubt, wenn einer von euch von seiner Religion abfällt, so wird Gott (anstelle der Abgefallenen) Leute bringen, die Er liebt und die Ihn lieben, die den Gläubigen gegenüber sich umgänglich zeigen, den Ungläubigen gegenüber aber mit Kraft auftreten, die sich auf dem Weg Gottes einsetzen und den Tadel des Tadelnden nicht fürchten.

Heftigkeit und Härte gegenüber dem Feind drücken sich unter anderem darin aus, dass die Muslime nicht nachlassen, wenn sie im Kampf die Oberhand gewonnen haben:

47,35: So erlahmt nicht und ruft nicht zum Frieden, wo

ihr die Oberhand haben werdet. Und Gott ist mit euch, und Er wird euch eure Werke niemals schmälern.

Die grundsätzliche Tragweite und Bedeutung des Heiligen Krieges werden in folgenden Versen unterstrichen: Es geht um Gott und die Gemeinde, die lange unterdrückt wurde:

4,75: Was hindert euch daran, zu kämpfen auf dem Weg Gottes und für diejenigen unter den Männern, den Frauen und den Kindern, die wie Schwache behandelt werden und die sagen: »Unser Herr, führe uns aus dieser Stadt hinaus, deren Einwohner Unrecht tun, und bestelle uns von Dir her einen Freund, und bestelle uns von Dir her einen Helfer.«

Und es geht um die Belohnung, die Gott all denen, die um seinetwillen kämpfen und dabei getötet werden oder siegen, bereithält:

4,74: Und wer auf dem Weg Gottes kämpft und daraufhin getötet wird oder siegt, dem werden Wir einen großartigen Lohn zukommen lassen.

Der Kampf soll erst aufhören, wenn die Feinde sich ergeben:

48,16: Ihr werdet dazu aufgerufen, gegen Leute, die eine starke Schlagkraft besitzen, zu kämpfen, es sei denn, sie ergeben sich.

Die Fronten zwischen beiden Lagern werden deutlich abgesteckt:

4,76: Diejenigen, die glauben, kämpfen auf dem Weg Gottes. Und diejenigen, die ungläubig sind, kämpfen auf dem Weg der Götzen. So kämpft gegen die Freunde des Satans.

Gott, so erklärt der Koran, stellt sich auf die Seite der Gläubigen: »Gott ist der Polytheisten ledig, und auch sein Gesandter« (9,3).

Nun ergeht der Befehl, den totalen Krieg gegen die Feinde zu führen:

9,36: Und kämpft gegen die Polytheisten allesamt, wie sie gegen euch allesamt kämpfen.

Was dieser totale Kampf bedeutet, wird in den Versen der 9. Sure ausgesprochen. Nach Ablauf der heiligen Monate sollen die Muslime die Polytheisten töten, wo immer sie sie finden, es sei denn, sie bekehren sich:

9,5: Wenn die heiligen Monate abgelaufen sind, dann tötet die Polytheisten, wo immer ihr sie findet, greift sie, belagert sie und lauert ihnen auf jedem Weg auf. Wenn sie umkehren, das Gebet verrichten und die Abgabe entrichten, dann lasst sie ihres Weges ziehen.

Da sie selbst doch keine Vereinbarungen einhalten und kein Abkommen respektieren, soll ihnen keine Schonung von Seiten Gottes und seines Gesandten eingeräumt werden:

9,7–10: Wie sollten die Polytheisten Gott und seinem Gesandten gegenüber einen Vertrag geltend machen, ausgenommen die, mit denen ihr bei der heiligen Moschee einen Vertrag abgeschlossen habt? Solange sie sich euch gegenüber recht verhalten, verhaltet auch ihr euch ihnen gegenüber recht. Gott liebt die Gottesfürchtigen. Wie sollten sie dies tun, wo sie doch, wenn sie die Oberhand über euch bekommen, euch gegenüber weder Verwandtschaft noch Schutzbund beachten? Sie stellen euch zufrieden mit ihrem Munde, aber ihre Herzen sind voller Ablehnung. Und die meisten von ihnen sind Frevler. Sie haben die Zeichen Gottes gegen einen geringen Preis vertauscht und so die Menschen von seinem Weg abgewiesen. Schlimm ist, was sie immer wieder getan haben. Sie beachten einem Gläubigen gegenüber weder Verwandtschaft noch Schutzbund. Das sind die, die Übertretungen begehen.

Wenn sie sich jedoch tatsächlich bekehren, dann sollen sie wie Glaubensbrüder behandelt werden:

9,11: Wenn sie umkehren, das Gebet verrichten und die Abgabe entrichten, dann sind sie eure Brüder in der Religion.

Sonst erklärt der Koran:

9,12: Wenn sie aber nach Vertragsabschluss ihre Eide brechen und eure Religion angreifen, dann kämpft gegen die Anführer des Unglaubens.

Gott hat sie ja den Muslimen preisgegeben:

9,14–15: Kämpft gegen sie, so wird Gott sie durch eure Hände peinigen, sie zuschanden machen und

euch gegen sie unterstützen, die Brust gläubiger Leute wieder heil machen und den Groll ihrer Herzen
entfernen.

Der Groll der Gläubigen gegen ihre Feinde zeigt sich
in ihrer harten Kriegführung:

9,123: O ihr, die ihr glaubt, kämpft gegen diejenigen
von den Ungläubigen, die in eurer Nähe sind. Sie sollen von eurer Seite Härte spüren.

9,113: Der Prophet und diejenigen, die glauben, haben
nicht für die Polytheisten um Vergebung zu bitten,
auch wenn es Verwandte wären, nachdem es ihnen
deutlich geworden ist, dass sie Gefährten der Hölle
sind.

Gegen die Ungläubigen gilt im Krieg folgender Grundsatz:

47,4: Wenn ihr auf die, die ungläubig sind, trefft, dann
schlagt (ihnen) auf die Nacken. Wenn ihr sie schließlich
schwer niedergekämpft habt, dann schnürt (ihnen) die
Fesseln fest. Danach gilt es, sie aus Gnade oder gegen
Lösegeld zu entlassen. (Handelt so), bis der Krieg seine Waffenlasten ablegt.

Erst wenn die Ungläubigen sich ergeben, kann der
Krieg beendet und ein Frieden geschlossen werden:

48,16: Ihr werdet dazu aufgerufen, gegen Leute, die
eine starke Schlagkraft besitzen, zu kämpfen, es sei
denn, sie ergeben sich.

Besser ist es, wenn sie den Islam annehmen (vgl. oben 9,5.11). Denn, so lautet die wiederholte Erklärung des Korans:

9,33: Er ist es, der seinen Gesandten mit der Recht-leitung und der Religion der Wahrheit gesandt hat, um ihr die Oberhand zu verleihen über alle Religion, auch wenn es den Polytheisten zuwider ist. (Vgl. 61,9; 48,28)

Kapitel VI

Behandlung der Juden und der Christen

Auseinandersetzung mit den Juden und den Christen

Die Juden und die Christen werden im Koran als »Leute des Buches« bezeichnet, weil sie Besitzer einer Offenbarungsschrift (jeweils Tora und Evangelium) und Anhänger einer Offenbarungsreligion sind. Obwohl der Koran immer wieder betont, dass eine Verwandtschaft zwischen seiner Botschaft und dem Inhalt der Tora und des Evangeliums besteht, konnte er die Juden und die Christen nicht dahin führen, an seine göttliche Herkunft zu glauben und den Islam anzunehmen. Muḥammad hat mit ihnen viele Streitgespräche geführt. Der Koran ist voll der ausgetauschten Argumente und Gegenargumente.[8] Nachdem Muḥammad vor seinen Gesprächspartnern die Übereinstimmung des Korans mit der Tora und dem Evangelium bekräftigt hat, trägt er ihnen die Aufforderung Gottes vor:

---

8 Siehe dazu nähere Angaben in meinem Buch: A.Th. Khoury, Einführung in die Grundlagen des Islams, Altenberge [4]1995 (Neudruck 1999), S. 75–86.

4,47: O ihr, denen das Buch zugekommen ist, glaubt an das, was Wir hinabgesandt haben zur Bestätigung dessen, was bei euch ist … (Vgl. 2,41.91)

Juden und Christen blieben jedoch zurückhaltend. Sie vermochten die behauptete Übereinstimmung des Korans mit ihren eigenen Schriften nicht zu erkennen. Sie machten also einen Unterschied zwischen ihrer Offenbarung und der islamischen Botschaft, sie sagten, klagt der Koran: »Wir glauben an die einen, verleugnen aber die anderen« (4,150).

2,85: Glaubt ihr denn nur an einen Teil des Buches und verleugnet den anderen? Die Vergeltung für diejenigen unter euch, die dies tun, ist nichts als Schande im diesseitigen Leben, und am Tag der Auferstehung werden sie der härtesten Pein zugeführt werden.

Der Teil, an den sie glauben, ist ihre eigene Schrift:

2,91: Und wenn zu ihnen gesagt wird: »Glaubt an das, was Gott herabgesandt hat«, sagen sie: »Wir glauben an das, was auf uns herabgesandt wurde.« Sie verleugnen aber, was nachher kam, obwohl das die Wahrheit ist, das bestätigt, was bei ihnen ist.

Sie wollen nur denen Glauben schenken, die ihrer eigenen Religion folgen (vgl. 3,73). So hüten sie sich vor Muḥammad, sie warnen sogar die anderen Menschen vor seiner Botschaft:

5,41: Unter denen, die Juden sind, gibt es welche, die auf Lügen hören und auf andere Leute, die nicht zu dir gekommene sind, hören. Sie entstellen den Sinn der Worte und sagen: »Wenn euch dies gebracht wird, nehmt es an; wenn es euch aber nicht gebracht wird, dann seid auf der Hut.«

Sie beanspruchen nur für sich das Heil Gottes und seine Rechtleitung:

2,111: Sie sagen: »Es werden das Paradies nur die betreten, die Juden oder Christen sind.«
2,135: Und sie sagen: »Werdet Juden oder Christen, so folgt ihr der Rechtleitung.«

Aber der Koran erkennt doch eine unterschiedliche Haltung zwischen den Juden und den Christen: Er erkennt bei den Juden eine heftigere Gegnerschaft als bei den Christen, denen er eher eine freundliche Gesinnung gegenüber den Muslimen bescheinigt:

5,82: Du wirst sicher finden, dass unter den Menschen diejenigen, die den Gläubigen am stärksten Feindschaft zeigen, die Juden und die Polytheisten sind. Und du wirst sicher finden, dass unter ihnen diejenigen, die den Gläubigen in Liebe am nächsten stehen, die sind, welche sagen: »Wir sind Christen.«

Den Juden wirft der Koran vor, dass sie immer wieder den Propheten Gottes den Glauben und die Gefolgschaft verweigern (vgl. 2,61.87.91; 3,112.181; 4,155; 5,70). Sie haben auch an Jesus Christus nicht geglaubt:

61,14: Eine Gruppe der Kinder Israels glaubte, und eine (andere) Gruppe war ungläubig. Da stärkten Wir diejenigen, die glaubten, gegen ihre Feinde, und sie bekamen die Oberhand.

3,52: Als Jesus Unglauben von ihrer Seite spürte, sagte er: »Wer sind meine Helfer (auf dem Weg) zu Gott hin?«

Die Juden, so formuliert der Koran seine Vorwürfe, lehnen den Islam aus Hochmut (2,87), Egoismus (2,87; 5,70) und aus Vertrauen in die eigene Macht und den eigenen Reichtum (3,181) ab.

Um ihrem Unglauben eine Grundlage zu verleihen, sind die Juden bemüht, die Schrift Gottes zu vergessen (7,165), oder wenigstens einen Teil davon (5,13). Sie halten die Offenbarung Gottes verborgen (3,187), oder wenigstens einen Teil davon (6,91). Einige von ihnen verheimlichen den Inhalt der ihnen anvertrauten Schrift (2,146). Noch mehr: sie manipulieren und verfälschen die Schrift (2,75; 4,46; 5,13.41).

Angesichts einer solchen Hartnäckigkeit im Unglauben (vgl. 4,46) kann Muḥammad sich nur noch an Gott, seinen einzigen Sachwalter, wenden und offen feststellen:

3,119–120: Siehe, ihr liebt sie, sie aber lieben euch nicht. Ihr glaubt an das gesamte Buch ... Wenn euch Gutes widerfährt, tut es ihnen leid, und wenn euch Schlimmes trifft, freuen sie sich darüber. Wenn ihr euch geduldig und gottesfürchtig zeigt, wird ihre List euch nichts schaden. Gott umgreift, was sie tun.

Der Koran weist den Absolutheitsanspruch, den Juden und Christen für ihre je eigene Religion erheben (siehe die oben zitierten Stellen 2,111.135), zurück und unterstreicht demgegenüber den Anspruch Muḥammads, der letzte Prophet, »das Siegel der Propheten« (33,40) zu sein, und den Anspruch des Islams, die einzig wahre Religion zu sein:

> **3,19**: Die Religion bei Gott ist der Islam.
> **5,3**: Heute habe Ich euch eure Religion vervollkommnet und meine Gnade an euch vollendet, und Ich habe daran Gefallen, dass der Islam eure Religion sei.

Grundsätzlich erkennt also der Koran den Juden und den Christen einen gültigen Teil-Glauben zu, er bezichtigt sie aber auch des Teil-Unglaubens. Wegen ihres Teil-Glaubens werden sie nicht wie die Ungläubigen behandelt, sondern wie Andersgläubige. Wegen ihres Teil-Unglaubens trifft sie jedoch eine Teil-Schuld, und sie werden einer Teil-Strafe unterworfen.

Keine volle Gemeinschaft
mit Juden und Christen

Auch wenn sie den Islam nicht angenommen haben, gelten die Juden und die Christen, nach dem Koran, als »Leute des Buches« und Empfänger einer göttlichen Offenbarung. Die volle Gemeinschaft mit den Muslimen wird ihnen zwar nicht gewährt, sie sind jedoch den Muslimen nicht ganz fremd. Deswegen schreibt der Koran der islamischen Gemeinschaft vor, sie nicht völlig auszuschließen, aber auch nicht völlig zu integrieren. Denn eine totale Gemeinschaft zwischen den Muslimen auf der einen Seite und den Juden und den Christen auf der anderen Seite kann es nicht geben. In schwierigen Zeiten und bei gefährlichen politischen Auseinandersetzungen neigte der Koran sogar dazu, Distanz zu allen Nicht-Muslimen zu empfehlen. Der Koran erlaubt den Muslimen, von dem zu essen, was Juden und Christen zubereiten, und er erklärt für zulässig, sie am Essen der Muslime teilnehmen zu lassen. Auch erlaubt er, jüdische oder christliche Frauen zu heiraten:

> **5,5:** Heute sind euch die köstlichen Dinge erlaubt. Die Speise derer, denen das Buch zugekommen ist, ist euch erlaubt, und eure Speise ist ihnen erlaubt. Erlaubt sind auch die unter Schutz gestellten gläubigen Frauen und die unter Schutz gestellten Frauen aus den Reihen derer, denen vor euch das Buch zugekommen ist …

Zur Ehe zwischen muslimischen Frauen und jüdischen bzw. christlichen Männern gibt es keine ausdrücklichen Äußerungen des Korans. Die Tradition aber verbietet eine solche Heirat, um den Glauben der Frau zu schützen.

Wie im Falle der Ungläubigen werden auch hier die vor allem politischen Interessen der islamischen Gemeinschaft dadurch geschützt, dass den Juden und den Christen nicht die volle Gemeinschaft mit den Muslimen angeboten wird.

Der Koran warnt vor der Freundschaft und Allianz vor allem mit den Juden. Gegen die Freundschaft mit den Juden spricht er sich an verschiedenen Stellen aus:

58,14: Hast du nicht auf jene geschaut, die sich Leute zu Freunden nehmen, auf die Gott zornig ist? Sie gehören nicht zu euch, und auch nicht zu ihnen. Und sie leisten wissentlich falsche Eide.

60,13: O ihr, die ihr glaubt, nehmt nicht Leute zu Freunden, auf die Gott zornig ist. Sie haben die Hoffnung auf das Jenseits aufgegeben, so wie die Ungläubigen die Hoffnung aufgegeben haben in bezug auf die (Toten) in den Gräbern.

Diese Anweisung wird damit begründet, dass die Juden die islamische Religion »zum Gegenstand von Spott und Spiel nehmen« (5,57):

5,58: Wenn ihr zum Gebet ruft, nehmen sie es zum Gegenstand von Spott und Spiel. Dies, weil sie Leute sind, die keinen Verstand haben.

Auch sind die Juden zu keiner Solidarität gegenüber den Muslimen bereit:

5,80–81: Du siehst viele von ihnen die Ungläubigen zu Freunden nehmen … Würden sie an Gott und den Propheten und an das, was zu ihm herabgesandt wurde, glauben, hätten sie sie nicht zu Freunden genommen. Aber viele von ihnen sind Frevler.

Sie sind wie ihre Verbündeten aus den Reihen der Ungläubigen:

3,118–120: O ihr, die ihr glaubt, nehmt euch keine Vertrauten unter denen, die nicht zu euch gehören. Sie werden euch kein Unheil ersparen. Sie möchten gern, ihr würdet in Bedrängnis geraten. Der Hass hat sich aus ihrem Munde kundgetan, und das, was ihre Brust verbirgt, ist schlimmer … Seht, ihr liebt sie, sie aber lieben euch nicht … Wenn sie allein sind, beißen sie sich gegen euch die Fingerspitzen vor Groll. Sprich: Sterbt an eurem Groll. Gott weiß über das innere Geheimnis Bescheid. Wenn euch Gutes widerfährt, tut es ihnen leid, und wenn euch Schlimmes trifft, freuen sie sich darüber. Wenn ihr euch geduldig und gottesfürchtig zeigt, wird ihre List euch nichts schaden.

Angesichts der damals herrschenden politischen Lage stellt der Koran als Grundsatz fest – und diesmal schließt er auch die Christen mit ein:

5,51: O ihr, die ihr glaubt, nehmt euch nicht die Juden

und die Christen zu Freunden. Sie sind untereinander Freunde. Wer von euch sie zu Freunden nimmt, gehört zu ihnen.

Behandlung der Juden

Grundsätzlich werden die Juden vom Koran als Teilgläubige angesehen, die ihren Lohn erhalten werden, wenn sie das Gute tun:

> **2,62:** Diejenigen, die glauben, und diejenigen, die Juden sind und die Christen und die Ṣābier, all die, die an Gott und den Jüngsten Tag glauben und Gutes tun, erhalten ihren Lohn bei ihrem Herrn, sie haben nichts zu befürchten, und sie werden nicht traurig sein. (Vgl. 5,69)

Am Tage der Auferstehung und der Abrechnung wird Gott über die Menschen, also auch über die Juden, entscheiden und zwischen denen, die zur Gruppe der grundsätzlich Gläubigen gehören, und den polytheistischen Ungläubigen unterscheiden:

> **22,17:** Diejenigen, die glauben, und diejenigen, die Juden sind, und die Ṣābier und die Christen und die Magier und diejenigen, die Polytheisten sind – siehe, Gott wird am Tag der Auferstehung zwischen ihnen entscheiden. Gott ist ja Zeuge über alle Dinge.

Im Falle der Juden (und auch der Christen) lässt der Koran den Grundsatz der Religionsfreiheit gelten, denn »es gibt keinen Zwang in der Religion« (2,256). Wenn es nicht ausschließlich um rein religiöse Fragen geht, sondern auch um Fragen, die den gesellschaftlichen Bereich und das allgemein politische Leben betreffen, dann treten andere Vorschriften in Kraft, um die Beziehungen zwischen der islamischen Gemeinschaft und den Juden zu regeln. So wurden für die unruhige und gefahrvolle Zeit des Propheten Muḥammad Bestimmungen erlassen, die im Folgenden dargelegt werden.

Gefährliche Juden

Der Koran richtet allgemein an die Adresse der Juden verschiedene Vorwürfe, die alle die dringende Gefahr, die von ihrem Verhalten herrührt, unterstreichen. Die Juden, so der Koran, lästern Gott, fädeln gefährliche Intrigen gegen die Muslime ein und stiften Unheil auf der Erde:

> **5,64:** Und die Juden sagen: »Die Hand Gottes ist gefesselt.«[9] Ihre Hände seien gefesselt und sie seien verflucht für das, was sie sagen! ... Sooft sie ein Feuer zum Krieg entfachen, löscht Gott es aus. Und sie reisen auf der Erde umher, um Unheil zu stiften. Gott liebt die Unheilstifter nicht.

---

9 Das heißt: Wir können ihm widerstehen und an die Botschaft des Korans und die Predigt Muḥammads nicht glauben, ohne dass wir eine Vergeltung von seinem Gott zu befürchten hätten.

Die besonderen Missetaten, die ihnen angelastet werden, sind folgende:

- Sie hegen nur Abneigung gegen die Muslime und versuchen, unter ihnen Verwirrung zu stiften (vgl. die oben zitierten Verse: 3,118–120).

- Für die Muslime haben sie nur Missgunst übrig; sie gönnen ihnen nicht die koranische Offenbarung und auch sonst keine anderen Wohltaten Gottes:

2,105: Diejenigen von den Leuten des Buches und von den Polytheisten, die nicht glauben, mögen es nicht gern, dass auf euch etwas Gutes von eurem Herrn herabgesandt wird. Gott aber schenkt seine Barmherzigkeit in besonderer Weise, wem Er will.

3,120: Wenn euch Gutes widerfährt, tut es ihnen leid, und wenn euch Schlimmes trifft, freuen sie sich darüber. Wenn ihr euch geduldig und gottesfürchtig zeigt, wird ihre List euch nichts schaden.

- Sie sind bemüht, die Muslime zu verführen und vom Glauben abzubringen. Darin kommen ihre feindlichen Gefühle den Muslimen gegenüber zum Vorschein:

4,44–45: Hast du nicht auf jene geschaut, denen ein Anteil am Buch zugekommen ist, wie sie den Irrtum erkaufen und wollen, dass ihr vom Weg abirrt? Gott weiß besser über eure Feinde Bescheid.

3,69: Eine Gruppe von den Leuten des Buches möchte

euch gern in die Irre führen. Aber sie führen nur sich selbst in die Irre, und sie merken es nicht.

3,99: O ihr Leute des Buches, warum weist ihr den, der glaubt, vom Weg Gottes ab, indem ihr euch ihn krumm wünscht, wo ihr doch Zeugen seid?

3,100: O ihr, die ihr glaubt, wenn ihr einer Gruppe derer gehorcht, denen das Buch zugekommen ist, werden sie euch, nachdem ihr gläubig geworden seid, wieder zu Ungläubigen machen.

Sie verhalten sich wie Feinde, aber Gott genügt den Muslimen als Helfer gegen ihre Feinde:

4,45: Gott weiß besser über eure Feinde Bescheid. Und Gott genügt als Freund, und Gott genügt als Helfer.

Die Muslime müssen warten, bis die Stunde Gottes, die Stunde seiner Strafe, kommt:

2,109: Viele von den Leuten des Buches möchten gerne euch, nachdem ihr gläubig geworden seid, wieder zu Ungläubigen machen, da sie von sich aus Neid empfinden, nachdem ihnen die Wahrheit deutlich wurde. So verzeiht und seid nachsichtig, bis Gott mit seinem Befehl eintrifft. Gott hat Macht zu allen Dingen.

- Aber nicht nur in religiösen Fragen verhalten sich die Juden gegenüber den Muslimen wie Feinde, auch in sozialen und politischen Angelegenheiten sind sie unzuverlässig. Denn, wie sie immer wieder ihre Verpflichtungen gegenüber Gott verletzen, verleugnen und verwerfen (2,100: Will ein Teil von ihnen denn jedes Mal, wenn sie einen Bund schließen, ihn verwerfen?), so bekommt der Prophet Muḥammad von ihnen immer (wieder) Falschheit, Wortbruch, Abkommenverletzung und Verrat zu sehen:

5,13: Weil sie aber ihre Verpflichtung brachen, haben Wir sie verflucht und ihre Herzen verstockt gemacht. Sie entstellen den Sinn der Worte. Und sie vergaßen einen Teil von dem, womit sie ermahnt worden waren. Und du wirst immer wieder Verrat von ihrer Seite erfahren – bis auf wenige von ihnen.

Bei der Schlacht von Badr (624) haben sie z. B. die Ungläubigen gegen die Muslime unterstützt.[10]

33,26: Und Er ließ diejenigen von den Leuten des Buches, die ihnen Beistand geleistet hatten, aus ihren Burgen heruntersteigen. Und Er jagte ihren Herzen Schrecken ein, sodass ihr einen Teil (von ihnen) getötet und einen Teil gefangengenommen habt.

- Der Verrat an den Propheten, die die Juden ja immer wieder im Laufe ihrer Geschichte töteten[11]

---

10 Der jüdische Stamm Qurayẓa, von dem hier die Rede ist, wurde von den Muslimen nach dem Grabenkrieg im Jahr 627 vernichtet. Davon berichtet eben diese Stelle 33,26. Nähere Einzelheiten im Kapitel II.

11 Siehe denselben Vorwurf im Evangelium: Mt. 23,29–31.34–37; Lk 13,34.

(3,21), scheint eine Konstante ihrer Haltung gegenüber den Gesandten Gottes zu sein:

2,61: Und über sie wurden Erniedrigung und Elend gelegt, und sie zogen sich den Zorn Gottes zu. Dies, dafür, dass sie immer wieder die Zeichen Gottes verleugneten und die Propheten zu Unrecht töteten … (Vgl. 3,112)

2,87: Wollt ihr euch denn jedes Mal, wenn euch ein Gesandter etwas bringt, was ihr nicht mögt, hochmütig verhalten und einen Teil (von ihnen) der Lüge zeihen und einen (anderen) Teil töten? (Vgl. 5,70)

2,91: Sprich: Warum habt ihr früher die Propheten Gottes getötet, wenn ihr gläubig seid?

3,181: Wir werden aufschreiben, was sie sagten, und dass sie die Propheten zu Unrecht töteten, und Wir werden sprechen: Kostet die Pein des Höllenbrandes.

4,155: (Verflucht wurden sie,) weil sie ihre Verpflichtung brachen, die Zeichen Gottes verleugneten, die Propheten zu Unrecht töteten und sagten: »Unsere Herzen sind unbeschnitten« …

Wie sie gegen Muḥammad vorgehen, zeigt, dass sie bei ihm keine Ausnahme machen. So soll er sich vor ihnen in acht nehmen und ihnen die Strafe Gottes androhen:

3,21: Denen, die die Zeichen Gottes verleugnen und die Propheten zu Unrecht töten und diejenigen unter den Menschen töten, die Gerechtigkeit gebieten, verkünde eine schmerzhafte Pein.

- Wie dieser Vers ausdrücklich erwähnt, sind die Juden auch für die Muslime gefährlich. Das bestätigt der Koran auch an anderer Stelle:

3,186: Ihr werdet sicherlich an eurem Vermögen und an euch selbst geprüft werden, und ihr werdet gewiss von denen, denen das Buch vor euch zugekommen ist, und von den Polytheisten viel Ungemach hören.

An einer berühmten Stelle unterstreicht der Koran die feindliche Gesinnung der Juden gegen die Muslime:

5,82: Du wirst sicher finden, dass unter den Menschen diejenigen, die den Gläubigen am stärksten Feindschaft zeigen, die Juden und die Polytheisten sind.

Juden und Heiden sind ja »die schlimmsten unter den Geschöpfen« (98,6).

Die Reaktion der Muslime

Der Koran liefert die Juden, diese Feinde Gottes und der Muslime dem Zorn und dem Fluch Gottes aus:

2,61: Und über sie wurden Erniedrigung und Elend gelegt, und sie zogen sich den Zorn Gottes zu. (Vgl. 3,112)
2,159: Diejenigen, die verschweigen, was Wir an deutlichen Zeichen und Rechtleitung hinabgesandt haben,

nachdem Wir es den Menschen im Buch deutlich gemacht haben, diese wird Gott verfluchen, und verfluchen werden sie auch die Fluchenden.

4,46: … Aber Gott hat sie wegen ihres Unglaubens verflucht, so glauben sie nur wenig.

4,52: Das sind die, die Gott verflucht hat. Und wen Gott verflucht, für den wirst du keinen Helfer finden.

60,13: O ihr, die ihr glaubt, nehmt nicht Leute zu Freunden, auf die Gott zornig ist.

5,13: Weil sie aber ihre Verpflichtung brachen, haben Wir sie verflucht und ihre Herzen verstockt gemacht.

5,64: Und die Juden sagen: »Die Hand Gottes ist gefesselt.«[12] Ihre Hände seien gefesselt und sie seien verflucht für das, was sie sagen!

5,78: Verflucht wurden diejenigen von den Kindern Israels, die ungläubig waren, durch den Mund Davids und Jesu, des Sohnes Marias. Dies dafür, dass sie ungehorsam waren und immer wieder Übertretungen begingen.

Der Koran mahnt dann die Juden zur Umkehr und zum Glauben, sonst laufen sie Gefahr, die Auswirkung des Zornes Gottes zu spüren:

4,47: O ihr, denen das Buch zugekommen ist, glaubt an das, was Wir hinabgesandt haben zur Bestätigung dessen, was bei euch ist, bevor Wir bestimmte Gesichter auswischen und sie auf ihren Rücken kehren oder sie verfluchen, wie Wir die Gefährten des Sab-

---

12 Siehe Anmerkung 9.

bats verflucht haben. Und der Befehl Gottes wird ausgeführt.

Diejenigen, welche die Mahnung ungehört lassen und in ihrem Unglauben und ihrer Feindseligkeit verharren, gelten dem Koran als Feinde und sollen nach folgenden Bestimmungen behandelt werden:

5,41: Bestimmt ist für sie im Diesseits Schande und im Jenseits eine gewaltige Pein.

3,111–112: Sie werden euch keinen Schaden, nur geringes Leid zufügen. Und wenn sie gegen euch kämpfen, werden sie euch den Rücken kehren. Und dann werden sie keine Unterstützung erfahren. Erniedrigung überdeckt sie, wo immer sie angetroffen werden, es sei denn, sie stehen unter dem Schutz einer Verbindung mit Gott und einer Verbindung mit Menschen. Und sie ziehen sich den Zorn Gottes zu. Und Elend überdeckt sie. Dies dafür, dass sie immer wieder die Zeichen Gottes verleugneten und die Propheten zu Unrecht töteten; dies dafür, dass sie ungehorsam waren und immer wieder Übertretungen begingen.

Diese Erniedrigung und diese Verelendung haben sie bereits erfahren. Der jüdische Stamm der Naḍīr in Medina musste erleben, wie vernichtend der Zorn Gottes sein kann:

59,2.4: Er ist es, der diejenigen von den Leuten des Buches, die ungläubig sind, aus ihren Wohnstätten zur ersten Versammlung vertrieben hat. Ihr habt nicht geglaubt, dass sie fortziehen würden; auch sie meinten, ihre Festungen würden sie vor Gott schützen. Da kam Gott über sie, von wo sie nicht damit rechneten, und jagten ihren Herzen Schrecken ein, sodass sie ihre Häuser mit ihren eigenen Händen und durch die Hände der Gläubigen zerstörten …

Dies dafür, dass sie sich Gott und seinem Gesandten widersetzen. Und wenn jemand sich Gott widersetzt, so verhängt Gott eine harte Strafe.

Im Zusammenhang mit den Siegen der Muslime über die Mekkaner und angesichts der Erfolge des Islams bei den Stämmen Arabiens verfügte dann der Koran als endgültigen Anspruch, dass der Islam nach Gottes Willen die Oberhand über alle Religionen haben soll:

9,33: Er ist es, der seinen Gesandten mit der Rechtleitung und der Religion der Wahrheit gesandt hat, um ihr die Oberhand zu verleihen über alle Religion, auch wenn es den Polytheisten zuwider ist.

Die praktische Umsetzung dieses Anspruchs sieht wie folgt aus:

9,29: Kämpft gegen diejenigen, die nicht an Gott und nicht an den Jüngsten Tag glauben und nicht verbieten, was Gott und sein Gesandter verboten haben, und nicht der Religion der Wahrheit angehören – von denen, denen das Buch zugekommen ist, bis sie von dem, was ihre Hand besitzt, Tribut entrichten als Erniedrigte.

Damit sind die Juden in den Status einer Religionsgemeinschaft verwiesen, die zwar eine relative Religionsfreiheit genießt, jedoch dem Islam unterworfen ist und ihm als Gegenleistung für seinen Schutz Steuern zu entrichten hat. Sie dürfen zu »Schutzbefohlenen« (Dhimmī) des Islams werden.

Beziehungen zu den Christen

Die Christen werden im Koran wie die Juden zu den »Leuten des Buches« gezählt; sie gelten grundsätzlich als Gläubige, die dem Bekehrungszwang nicht unterliegen (2,256: Es gibt keinen Zwang in der Religion). Wenn sie nun den Glauben bewahren und das Gute tun, werden auch sie ihren Lohn bei Gott erhalten:

> **2,62**: Diejenigen, die glauben, und diejenigen, die Juden sind, und die Christen und die Ṣābier, all die, die an Gott und den Jüngsten Tag glauben und Gutes tun, erhalten ihren Lohn bei ihrem Herrn, sie haben nichts zu befürchten, und sie werden nicht traurig sein. (Vgl. 5,69)

Die islamische Gemeinschaft soll den Christen wegen ihrer Nähe zu den Muslimen, wie der Koran unterstreicht, eine besondere Behandlung zukommen lassen:

> **5,82**: Und du wirst sicher finden, dass unter ihnen diejenigen, die den Gläubigen in Liebe am nächsten ste-

hen, die sind, welche sagen: »Wir sind Christen.« Dies deshalb, weil es unter ihnen Priester und Mönche gibt und weil sie nicht hochmütig sind.

Der Koran missbilligt jedoch die religiöse Übertreibung der Christen in Bezug auf die Gottheit Jesu Christi:

4,171: O ihr Leute des Buches, übertreibt nicht in eurer Religion und sagt über Gott nur die Wahrheit. Christus Jesus, der Sohn Marias, ist doch nur der Gesandte Gottes und sein Wort, das er zu Maria hinüberbrachte, und ein Geist von Ihm. So glaubt an Gott und seine Gesandten. Und sagt nicht: Drei. Hört auf, das ist besser für euch. Gott ist doch ein einziger Gott. Gepriesen sei Er und erhaben darüber, dass Er ein Kind habe.

5,77: Sprich: O ihr Leute des Buches, übertreibt nicht in eurer Religion über die Wahrheit hinaus und folgt nicht den Neigungen von Leuten, die früher irregegangen sind und viele irregeführt haben und vom rechten Weg abgeirrt sind.

Ein Aufruf zu einem ausgleichenden Gespräch brachte keine Annäherung der Standpunkte:

3,64: Sprich: O ihr Leute des Buches, kommt her zu einem zwischen uns und euch gleich angenommenen Wort: dass wir Gott allein dienen und Ihm nichts beigesellen, und dass wir nicht einander zu Herren nehmen neben Gott. Doch wenn sie sich abkehren, dann sagt: »Bezeugt, dass wir gottergeben sind.«

Von da an begann der Koran, eine härtere Sprache gegen diejenigen unter den Christen zu gebrauchen, die er ja als schlechte Christen betrachtete. »Hört auf!«, mahnt er sie (4,171), denn ihre Lehre bringe sie in die Nähe des Unglaubens und mache sie den gefährlichen Juden ähnlich:

> **5,77**: … und folgt nicht den Neigungen von Leuten, die früher irregegangen sind und viele irregeführt haben und vom rechten Weg abgeirrt sind.

Der Koran gebietet den Muslimen:

> **5,51**: … nehmt euch nicht die Juden und die Christen zu Freunden. Sie sind untereinander Freunde.[13]

Der Koran verschärft noch einmal seine Sprache und bezeichnet die Christen sogar als Ungläubige; er richtet an sie deutliche Drohworte:

> **5,17**: Ungläubig sind gewiss diejenigen, die sagen: »Gott ist Christus, der Sohn Marias.« Sprich: Wer ver-

---

13 »Sie sind untereinander Freunde« wird von Ṭabarī folgendermaßen glossiert: Dieser Satz bedeutet, dass die einen unter den Juden den anderen Beistand gegen die Gläubigen (= Muslime) gewähren und eine einzige Kraft gegen sie alle bilden, und dass auch die Christen einander gegen diejenigen beistehen, die ihrer Religion und ihrer Gemeinschaft nicht angehören … »So sagt Gott zu den Gläubigen: Auch ihr seid untereinander Freunde und führt Krieg gegen Juden und Christen, wie diese gegen euch Krieg führen und jeweils untereinander Freunde sind. Denn, wer sie zu Freunden nimmt, erklärt den Gläubigen den Krieg, sagt sich von diesen los und bricht seine Verbundenheit mit ihnen« (Korankommentar, zu 5,51; Ḥalabī-Ausgabe, Kairo ²1373 H./1954, Bd. 6, S. 276–277).

mag denn gegen Gott überhaupt etwas auszurichten, wenn Er Christus, den Sohn Marias, und seine Mutter und diejenigen, die auf der Erde sind, allesamt verderben lassen will?

Der Koran wiederholt seine Drohung in dem Vers, in dem er die Lehre von der Dreifaltigkeit zurückweist:

5,73: Wenn sie mit dem, was sie sagen, nicht aufhören, so wird diejenigen von ihnen, die ungläubig sind, eine schmerzhafte Pein treffen.

Nach der Vorstellung des Korans bilden die schlechten Christen eine Gefahr für die islamische Gemeinschaft. Ihnen wirft er auch schwerwiegende Verhaltensfehler vor, die sie zum sozialen und moralischen Ärgernis für die Gläubigen machen. Gleich den jüdischen Gelehrten verlangen auch christliche Mönche, so der Vorwurf des Korans, dass ihre Gläubigen sie »zu Herren« nehmen (9,31); und: »Viele von den Gelehrten und den Mönchen verzehren das Vermögen der Menschen durch Betrug und weisen (sie) vom Weg Gottes ab« (9,34); statt für Gottes Sache zu spenden, horten sie Gold und Silber (9,34); »sie wollen das Licht Gottes min ihrem Mund auslöschen« (9,32).

Und der Koran zeigt sich entsetzt[14]:

9,30: Gott bekämpfe sie! Wie leicht lassen sie sich doch abwenden!

---

14 Alle diese Vorwürfe richtet der Koran gleichzeitig gegen die Christen und die Juden. Daher schreibt er für die Christen dieselbe Bestimmung wie für die Juden vor.

Fazit: Die Christen sind keine Vollgläubigen wie die Muslime selbst. Sie sollen der islamischen Gemeinschaft unterworfen werden:

9,29: Kämpft gegen sie, ... bis sie von dem, was ihre Hand besitzt, Tribut entrichten als Erniedrigte.

So besitzen die Christen in der islamischen Gesellschaft wie die Juden den Status von »Schutzbefohlenen« (Dhimmī).

Schlussbemerkungen

Der Koran richtet seine Kritik an die Juden und die Christen vor allem wegen ihrer Weigerung, die prophetische Sendung Muḥammads und die Echtheit der koranischen Offenbarung anzuerkennen. Die sozialen und politisch relevanten Bestimmungen des Korans stehen in Zusammenhang mit den damaligen Umständen des Lebens der islamischen Gemeinschaft, die sich in einem Lebenskampf gegen ihre Feinde befand und diesen Kampf bestehen musste.

Der Status von »Schutzbefohlenen«, in den der Koran Juden und Christen versetzt, bedeutet jedoch keine endgültige Aufhebung der Tora und des Evangeliums. Im Gegenteil, dieser Status bedeutet, dass Juden und Christen frei sind, ja dazu verpflichtet werden, ihr je eigenes Gesetz zu befolgen.

5,66: Und würden sie die Tora und das Evangelium

und das, was zu ihnen von ihrem Herrn herabgesandt wurde, einhalten, sie würden von oben und unter ihren Füßen zu essen bekommen.

5,68: Sprich: O ihr Leute des Buches, ihr entbehrt jeder Grundlage, bis ihr die Tora und das Evangelium und das, was zu euch von eurem Herrn herabgesandt wurde, einhaltet.

Der Koran befürwortet eindeutig und entschieden das Nebeneinander verschiedener religiöser Gesetze: der Tora, des Evangeliums und des Korans. Es sei hier der koranische Text in seinem vollen Wortlaut zitiert.

- Von den Juden sagt der Koran:

5,43.44: Wie können sie dich zum Schiedsrichter machen, wo sie doch die Tora besitzen, in der das Urteil Gottes enthalten ist …?
Wir haben die Tora hinabgesandt, in der Rechtleitung und Licht enthalten sind, damit die Propheten, die gottergeben waren, für die, die Juden sind, (danach) urteilen, und so auch die Rabbiner und die Gelehrten, aufgrund dessen, was ihnen vom Buche Gottes anvertraut wurde … Diejenigen, die nicht nach dem urteilen, was Gott herabgesandt hat, das sind die Ungläubigen.

- Von den Christen sagt der Koran:

5,46–47: Und Wir ließen nach ihnen Jesus, den Sohn Marias, folgen, damit er bestätige, was von der Tora vor ihm vorhanden war. Und Wir ließen ihm das Evangelium zukommen, das Rechtleitung und Licht enthält und das bestätigt, was von der Tora vor ihm vorhanden war, und als Rechtleitung und Ermahnung für die Gottesfürchtigen. Die Leute des Evangeliums sollen nach dem urteilen, was Gott darin herabgesandt hat. Und diejenigen, die nicht nach dem urteilen, was Gott herabgesandt hat, das sind die Frevler.

• Zu Muḥammad sagt der Koran:

5,48: Und Wir haben zu dir das Buch mit der Wahrheit hinabgesandt, damit es bestätige, was vom Buch vor ihm vorhanden war, und alles, was darin steht, fest in der Hand habe. Urteile nun zwischen ihnen nach dem, was Gott herabgesandt hat …

• Zu allen diesen Gemeinschaften sagt endlich der Koran:

5,48: Für jeden von euch haben Wir eine Richtung und einen Weg festgelegt. Und wenn Gott gewollt hätte, hätte Er euch zu einer einzigen Gemeinschaft gemacht. Doch will Er euch prüfen in dem, was Er euch hat zukommen lassen. So eilt zu den guten Dingen um die Wette.

Die Juden und die Christen haben im Laufe der Zeit unter einer manchmal schweren Unterwerfung, ja Unterdrückung leiden müssen. Ob ihnen Toleranz oder Intoleranz entgegenschlug, hing oft mit dem Geist der jeweiligen Zeit zusammen. Dass sie jedoch in die mehrheitlich islamische Gesellschaft nicht voll integriert

wurden, beruht auf einer Verallgemeinerung der zeit-
bedingten Vorschriften des Korans. Ob nun diese Vorschriften für alle Zeiten Geltung haben müssen, ist
eine dringende Anfrage an den Islam heute.

Kapitel VII

Kriegführung und Frieden

Kriegführung

In einer Aussage über die Strafgerichte Gottes, die über die Völker in der Vergangenheit wegen ihres Unglaubens und ihres Ungehorsams kamen, versichert der Koran: »Und Wir peinigen nicht, ehe Wir einen Gesandten haben erstehen lassen« (17,15). Daraus haben die Rechtsgelehrten gefolgert, dass der bewaffnete Kampf gegen die Feinde nicht beginnen darf, ohne dass ein Aufruf zur Annahme des Islams und eine Kriegserklärung an sie ergangen sind. Nach den Angaben der islamischen Tradition hat Muḥammad selbst entsprechend gehandelt. Bevor er seine Expeditionen gestartet hatte, habe er im Jahr 628 an alle Herrscher und Regierenden der umliegenden Länder (Persien, Byzanz, Alexandrien, Abessinien) Botschaften gesandt, um sie zur Annahme des Islams aufzufordern.

Ob der allgemeine Aufruf, der bereits im Koran ausgesprochen worden ist, genügt für alle nachfolgenden Zeiten, oder ob er ausdrücklich erfolgen soll, ist unter den Gelehrten umstritten. Nicht umstritten ist die Bestimmung, dass nach der gesetzlichen Aufforderung zur Annahme des Islams die Feinde eine Frist erhalten sollen, um ihre Stellungnahme formulieren und überbringen zu können, oder gar Friedensverhandlungen zu führen.

Während der Kampfhandlungen wird den muslimischen Kämpfern auferlegt, »nicht maßlos im Töten« zu sein (vgl. 17,33). Sie sollen ihrerseits die Truppe nicht verlassen oder gar desertieren:

> **8,15–16:** O ihr, die ihr glaubt, wenn ihr auf die, die ungläubig sind, trefft, während sie zur Schlacht anrücken, dann kehret ihnen nicht den Rücken. Wer ihnen an jenem Tag den Rücken kehrt – es sei denn, er setzt sich ab zum Kampf, oder er stößt zu einer anderen Schar –, zieht sich den Zorn Gottes zu. Seine Heimstätte ist die Hölle – welch schlimmes Ende.

Die Muslime sollen den Kampf führen, ohne in erster Linie auf die Beute, ob diese nun aus Land und Immobilien oder aus Personen (Gefangenen und Sklaven) besteht, zu schauen.

> **4,94:** O ihr, die ihr glaubt, wenn ihr auf dem Weg Gottes im Land umherwandert, so stellt die Lage eindeutig fest und sagt nicht zu dem, der euch den Frieden anbietet: »Du bist kein Gläubiger«, im Trachten nach den Gütern des diesseitigen Lebens. Gott schafft doch viele Möglichkeiten, Beute zu erzielen …
>
> **8,67:** Es steht einem Propheten nicht zu, Gefangene zu haben, bis er auf der Erde stark gewütet hat. Ihr wollt die Güter des Diesseits, und Gott will das Jenseits. Gott ist mächtig und weise.

Eventuell gemachte Gefangene sollen unter anderem dazu dienen, die Zahl der Sklaven zu mehren oder auch gegen ein Lösegeld freigegeben zu werden:

47,4: Wenn ihr auf die, die ungläubig sind, trefft, dann schlagt (ihnen) auf den Nacken. Wenn ihr sie schließlich schwer niedergekämpft habt, dann schnürt (ihnen) die Fesseln fest. Danach gilt es, sie aus Gnade oder gegen Lösegeld zu entlassen. (Handelt so), bis der Krieg seine Waffenlasten ablegt. So ist es.

Den Kämpfern des Heiligen Krieges wird das Wohlwollen Gottes im Diesseits und im Jenseits zugesichert:

4,74: So sollen diejenigen, die das diesseitige Leben gegen das Jenseits verkaufen, auf dem Weg Gottes kämpfen. Und wer auf dem Weg Gottes kämpft und daraufhin getötet wird oder siegt, dem werden Wir einen großartigen Lohn zukommen lassen.

47,4–6: Denen, die auf dem Weg Gottes getötet werden, lässt Er ihre Werke niemals fehlgehen. Er wird sie rechtleiten und ihre Angelegenheiten in Ordnung bringen, sie ins Paradies eingehen lassen, das Er ihnen zu erkennen gegeben hat.

2,154: Und sagt nicht von denen, die auf dem Weg Gottes getötet werden, sie seien tot. Sie sind vielmehr lebendig, aber ihr merkt es nicht.

9,111: Gott hat von den Gläubigen ihre eigene Person und ihr Vermögen dafür erkauft, dass ihnen das Paradies gehört, insofern sie auf dem Weg Gottes kämpfen und so töten oder getötet werden. Das ist ein Ihm

obliegendes Versprechen in Wahrheit in der Tora, im Evangelium und im Koran. Und wer hält seine Abmachung treuer ein als Gott? So seid froh über das Kaufgeschäft, das ihr abgeschlossen habt. Und das ist der großartige Erfolg.
(Vgl. 3,157.169–170.195; 4,100; – 2,218: der volle Wortlaut oben S. 100)

Beendigung des Kampfes und Frieden

Auch inmitten der bewaffneten Auseinandersetzung sollen die Muslime bereit zur Versöhnung sein, sobald die Feinde mit ihrem gottlosen Treiben aufhören:

2,193: Kämpft gegen sie, bis es keine Verführung mehr gibt und bis die Religion nur noch Gott gehört. Wenn sie aufhören, dann darf es keine Übertretung geben, es sei denn gegen die, die Unrecht tun.

8,39–40: Und kämpft gegen sie, bis es keine Verführung mehr gibt und bis die Religion gänzlich nur noch Gott gehört. Wenn sie aufhören, so sieht Gott wohl, was sie tun. Und wenn sie sich abkehren, so wisst, dass Gott euer Schutzherr ist: Welch vorzüglicher Schutzherr und welch vorzüglicher Helfer!

Der Koran macht deutlich, dass ihm der Friede als das eigentliche Ziel des Einsatzes für die Sache Gottes und seiner Religion gilt. Er befiehlt, nur die zu bekämpfen, die nicht bereit zum Frieden sind:

4,91: Wenn sie sich nicht von euch fernhalten und euch nicht den Frieden anbieten und ihre Hände nicht zurückziehen, dann greift sie und tötet sie, wo immer ihr sie trefft. Über solche Leute haben Wir euch eine offenkundige Gewalt verliehen.

Diejenigen, die bereit sind, den Kampf zu beenden und Frieden zu schließen, sollen auch mit friedvollem Verhalten behandelt werden:

4,90: Wenn sie sich von euch fernhalten und nicht gegen euch kämpfen und euch Frieden anbieten, dann erlaubt euch Gott nicht, gegen sie vorzugehen.
(Vgl. 4,94: voller Wortlaut, oben S. 136)
8,61: Und wenn sie sich dem Frieden zuneigen, dann neige auch du dich ihm zu.

Kapitel VIII

Für eine Friedenstheorie

Der Islam und der Friede

Gegenüber der klassischen Position betonen andere Denker in der islamischen Welt die Priorität des Friedens, nicht nur als Endzustand, sondern als normaler Zustand der Beziehungen der Menschen und der Gemeinschaften zueinander.

Die Vertreter dieser Position verweisen gerne auf die Umdeutung der Pflicht zum heiligen Krieg, die bereits im Mittelalter stattgefunden hat. Theologen, geistliche Lehrer und sogar manche Rechtsgelehrte bezeichneten damals den Krieg als den »kleinen Einsatz«. Der »große Einsatz« sei geistlicher Natur und bestehe in einer dreifachen Anstrengung: im Einsatz des Herzens, d. h. in der täglichen Bemühung um einen aufrichtigeren Glauben und einen treueren Gehorsam; – im Einsatz der Zunge, d. h. in der Ermunterung der Guten und der Zurechtweisung der Bösen; – endlich im Einsatz der Hand, d. h. im sozialen Dienst und in der sozialen Wohltätigkeit. Schließlich sei die friedliche Missionstätigkeit ein vorzügliches Mittel, den Islam in der Welt zu verbreiten.

Aber auch die Theorie des heiligen Krieges selbst enthält – wie wir oben schon kurz sahen – Momente, die die Priorität des Friedens betonen. Auch inmitten der bewaffneten Auseinandersetzung sollen die Muslime bereit zur Versöhnung sein, sobald ihre Feinde mit ihrem gottlosen Treiben aufhören (2,193; 8, 39). Der Koran macht deutlich, dass ihm der Friede als das eigentliche Ziel des Einsatzes für die Sache Gottes und seiner Religion erscheint:

8,61: Und wenn sie sich dem Frieden zuneigen, dann neige auch du dich ihm zu und vertrau auf Gott.

Das Halten des Friedens ist geboten, wenn die Gegner von ihren Übergriffen ablassen und umkehren (5,34):

4,90: Wenn sie sich von euch fern halten und nicht gegen euch kämpfen und euch Frieden anbieten, dann erlaubt euch Gott nicht, gegen sie vorzugehen. (Vgl. 9,94)

Der Friede ist zugleich die Chance der Nicht-Muslime und die Chance des Islams selbst. Denn es geht darum, Gottes Botschaft zu Gehör zu bringen und lernwilligen und bekehrungsfähigen Feinden immer eine Möglichkeit bereitzuhalten, diese Botschaft zu hören, sich eventuell zu bekehren und in die volle Gemeinschaft der Muslime aufgenommen zu werden:

9,6: Und wenn einer von den Polytheisten dich um Schutz bittet, so gewähre ihm Schutz, bis er das Wort

Gottes hört. Danach lass ihn den Ort erreichen, in dem er in Sicherheit ist …

9,11: Wenn sie umkehren, das Gebet verrichten und die Abgabe entrichten, dann sind sie eure Brüder in der Religion … (Vgl. 9,5)

Die Vertreter dieser Position betonen, dass es zwar Umstände geben kann, die die bewaffnete Auseinandersetzung zu einem legitimen Krieg der Muslime machen können. Gründe, die die Muslime zur Führung eines gerechten Krieges ermächtigen, sind folgende: Zurückweisung feindlicher Angriffe (defensiver Krieg), gleich ob diese Feindseligkeiten sich in einem Feldzug (vgl. Koran 2,190), in der Missachtung vertraglicher Vereinbarungen (vgl. 9,12) oder in der Planung eines Angriffs gegen die Muslime äußern. In diesem letzten Falle dürfen die Muslime ihren Feinden zuvorkommen und ihnen mit einem Präventivschlag begegnen.

Über den Verteidigungskrieg hinaus, dürfen die Muslime eingreifen, um zu verhindern, dass ihre Glaubensbrüder in fremden Ländern verfolgt, unterdrückt oder gar verführt werden (vgl. Koran 2,193; 8,39; 4,75). Auch dürfen die Muslime sich dafür einsetzen, dass die Verkündigungsarbeit der Prediger des Islams ungehindert sich entfalten kann.

Aber, und da erscheint die neue Akzentsetzung, Eingreifen, Verteidigung, Präventivschlag und allgemein legitimer Krieg dürfen im Sinne des Korans nur »auf dem Wege Gottes« erfolgen, d. h. nicht zu Expansionszwecken, aus Rache oder in der Suche nach Kriegsbeute.

Vorrang für den Frieden

Eigentlich sollten die Muslime, so die Haltung derjenigen, die dem Frieden den Vorrang einräumen, einnehmen und sich heute an der Lehre des Korans orientieren, die in den mekkanischen Friedensperioden vorherrschte.

Auch in seinen Beziehungen zu den Polytheisten unter den Mekkanern war Muḥammad in diesen Perioden darauf bedacht, sich in keinen Streit hineinziehen zu lassen und jede Aggressivität zu meiden. Sein Aufruf, den Glauben anzunehmen, appelliert an die Selbstverantwortung der Menschen und an das richtige Verständnis ihrer eigenen Interessen:

> **10,108:** Sprich: O ihr Menschen, zu euch ist die Wahrheit von eurem Herrn gekommen. Wer der Rechtleitung folgt, folgt ihr zu seinem eigenen Vorteil. Und wer irregeht, geht irre zu seinem eigenen Schaden. Und ich bin nicht euer Sachwalter.

Seine Sendung beinhaltet in dieser Zeit nicht die Aufgabe, die Menschen zur Rechenschaft über ihren Unglauben zu ziehen: Von dieser Haltung zeugen eine Reihe von Koranversen, z. B. folgende:

> **109,6:** Ihr habt eure Religion, und ich habe meine Religion. (Vgl. 11,93.121)
>
> **10,41:** Mir kommt mein Tun zu und euch euer Tun. Ihr seid unschuldig an dem, was ich tue; und ich bin unschuldig an dem, was ihr tut. (Vgl. 26,216)

144

42,15: Gott ist unser Herr und euer Herr. Wir haben unsere Werke und ihr habt eure Werke (zu verantworten). Es gibt keinen Streitgrund zwischen uns und euch. Gott wird uns zusammenbringen. Und zu Ihm führt der Lebensweg. (Vgl. 34,25)

Der Koran empfiehlt Muḥammad:

7,199: Nimm das Gute und Leichte, gebiete das Rechte und wende dich von den Törichten ab.

Frieden mit Juden und Christen

Auch gegenüber Juden und Christen ist der Ton des Korans in dieser Periode friedvoll. Er versichert dem Verkünder Muḥammad:

2,137.139: Gott wird dich vor ihnen schützen … Sprich: Was streitet ihr mit uns über Gott, wo Er unser Herr und euer Herr ist? Wir haben unsere Werke und ihr habt eure Werke (zu verantworten)…

Auch hier soll Muḥammad Neid und Missgunst mit Nachsicht, Verzeihung und Warten auf die Entscheidung Gottes beantworten (2,109).

Muḥammad soll aber nicht immer die Diskussion mit den Nicht-Muslimen ausschlagen. Aber diese Diskussion soll sich nicht wie ein aggressiver Streit gestalten, sondern sie soll in erster Linie ein Aufruf zum Glauben sein:

16, 125: Ruf zum Weg deines Herrn mit Weisheit und schöner Ermahnung, und streite mit ihnen auf die beste Art …

Für das Verhalten gegenüber streitsüchtigen Gegnern gibt der Koran einige Regeln. Die Muslime sollen sich nicht in eine Diskussion mit denen verwickeln lassen, die mit den Versen Gottes ihren Spott treiben wollen, bis sie ein anderes Thema ansprechen (6,68; 4,140). Sonst soll man sie stehen lassen (6,70). Wenn aber die Gegner die harte Diskussion suchen und die Wahrheit der islamischen Botschaft in Zweifel ziehen wollen, dann soll der Prophet Muḥammad solche unnütze Dispute vermeiden. Gott gehört die letzte Entscheidung über die Angelegenheiten der Menschen am Tag der allgemeinen Abrechnung (vgl. 22,67–69). Gott allein gehört auch die Macht, die Menschen rechtzuleiten:

43,40: Willst du denn die Tauben hören lassen oder die Blinden und die, die sich in einem offenkundigen Irrtum befinden, rechtleiten?
28,56: Du kannst nicht rechtleiten, wen du gern möchtest. Gott ist es, der rechtleitet, wen Er will … .

Anerkennung des religiösen Pluralismus

In diese Periode fällt auch die Anerkennung des religiösen Pluralismus durch den Koran im Hinblick auf die Existenzberechtigung der verschiedenen Gestalten der Offenbarungsreligion, d. h. hauptsächlich im Bezug auf das Judentum und das Christentum. Zwar hat Gott, so die Aussage des Korans, seine verschiedenen Propheten mit derselben Grundbotschaft des monotheistischen Glaubens gesandt (vgl. 21,25; 3,84), aber er hat auch selbst bestimmt, dass die großen Gesandten, Mose, Jesus und zuletzt Muḥammad, Gesetze erlassen, die in manchen Punkten voneinander abweichen. Der Koran erkennt die Gültigkeit und die Heilswirksamkeit dieser verschiedenen religiösen Wege an:

> **2,62**: Diejenigen, die glauben, und diejenigen, die Juden sind, und die Christen und die Ṣābier, all die, die an Gott und den Jüngsten Tag glauben und Gutes tun, erhalten ihren Lohn bei ihrem Herrn, sie haben nichts zu befürchten, und sie werden nicht traurig sein. (Vgl. 5,69)

Die verschiedenen Gemeinschaften sollen also miteinander nicht über ihr jeweiliges Gesetz (22,67) streiten, sondern im Guten wetteifern:

> **2,148**: Jeder hat eine Richtung, zu der er sich wendet. So eilt zu den guten Dingen um die Wette ... (Vgl. 5,48)

Die besondere Rolle der Muslime besteht nach dem Koran darin, »als in der Mitte stehende Gemeinschaft Zeugen über die Menschen zu sein ...« (2,143; vgl. 22,78). Dies bedeutet jedoch nicht, dass alle Religionen gleichwertig sind, denn der Islam bleibt die alleinige wahre Religion (3,19) und es gilt weiterhin der Grundsatz:

> **3,85:** Wer eine andere Religion als den Islam sucht, von dem wird es nicht angenommen werden.

Dass aber die Anerkennung des praktisch nicht aufhebbaren religiösen Pluralismus nicht nur eine Erscheinung der früheren Perioden der koranischen Botschaft ist, bezeugt ihre Bestätigung durch die späten Verse des Korans selbst (5, 43.44: Judentum) 5,46–47: Christentum; 5, 48: Islam). An alle wendet sich der Koran mit den Worten:

> **5,48:** Für jeden von euch haben Wir eine Richtung und einen Weg festgelegt. Und wenn Gott gewollt hätte, hätte Er euch zu einer einzigen Gemeinschaft gemacht. Doch will Er euch prüfen in dem, was Er euch hat zukommen lassen. So eilt zu den guten Dingen um die Wette …

Stimmen zeitgenössischer Denker

Im zeitgenössischen Islam erheben sich nicht nur Stimmen, die eine islamische Weltrevolution fordern und von einer Vorherrschaft des Islams in der Welt träumen. Zahlreiche Denker, deren Verankerung im Islam keinem Zweifel unterliegt, sprechen sich für die Priorität des Friedens und für eine grundlegende Reform der klassischen Theorie des Heiligen Krieges im islamischen Rechtssystem.

So machen saudi-arabische Denker darauf aufmerksam, dass die Gelehrten, die den Heiligen Krieg im Islam behandelt haben, dem Krieg mehr Raum geben als dem Frieden und den Vertragszeiten. Noch klarer müsse betont werden, dass der Krieg im Islam nicht in erster Linie der Ausrottung der Feinde dient, sondern der Friedenssicherung. Auch dürfe man nicht jener Theorie des Heiligen Krieges, wie sie in späterer Zeit unter den ᶜAbbāsiden entwickelt worden ist, mehr Aufmerksamkeit schenken als der Praxis der ersten Khalifen, die oft eine friedensfördernde Haltung einnahmen. Die saudischen Autoren betonen, dass der Islam seiner Natur nach friedfertig ist. Internationale Verträge auf der Basis friedlicher Absichten sind somit möglich und mit dem islamischen Gesetz vereinbar. Die Argumente dafür sind folgende.

Das arabische Wort *djihā*d bezeichnet von seinem Ursprung her nicht Krieg, sondern Einsatz im Dienst des Glaubens und der Religion Gottes. Zwar wird zugegeben, dass die Bedeutung des Heiligen Krieges hier mit eingeschlossen, aber nicht grundlegendes und exklusives Element ist. An erster Stelle beinhalten die Anordnungen Gottes die Pflicht, das Böse zu meiden, die Leidenschaften zu überwinden, den schlechten Wandel aufzugeben, der Verderbnis zu widerstehen und Nachsicht und Gerechtigkeit zu üben. Djihād ist somit radikal zunächst der Kampf gegen das Böse und der Einsatz für das Gute im Leben der Einzelnen und der Gesellschaft.

Außerdem zeigen der Koran, das normative Handeln des Propheten Muḥammad (Sunna) und die Praxis der frühen Zeit, dass die Absichten des Islams friedfertig sind. Dazu sollen einige Erläuterungen saudischer Autoren wiedergegeben werden[15].

– Nach Radio Riad spricht sich der Koran für das friedliche Zusammenleben der verschiedenen Gemeinschaften aus und empfiehlt, die bewaffnete Auseinandersetzung zu vermeiden.

– Maᶜrūf al-Dawālībī, ehemaliger Präsident des Kongresses der Islamischen Welt, unterstreicht, dass der Koran in der mekkanischen Periode sich gegen Aggressivität und Kampf gegen die Widersacher ausspricht. In Medina stellt sich der Krieg gegen die Feinde als Verteidigungskrieg dar. Die Identifizierung des Einsatzes für die Sache des Islams mit dem Heiligen Krieg ist das Ergebnis historischer Umstände vergangener Zeiten.

– Die zulässigen Mittel zur Ausbreitung des Islams, betonen andere Autoren, seien ursprünglich die Verkündigung, die Spenden und nur im Notfall der Krieg. Somit sei der Islam seiner Natur nach nicht

---

15 Nähere Angaben und Quellennachweise in meinem Buch: A. Th. Khoury, Un Modèle d'Etat Islamique: L'Arabie Saoudite, chap. VIII: L'Arabie Saoudite et le droit international, München/Mainz 1983; James Paul Piscatori, Islam and the international legal order, the case of Saudi Arabia, University of Virginia/USA 1976, S. 225–266.

für den Krieg. Der Krieg an sich sei untersagt; erlaubt sei er nur als defensiver Krieg oder als Präventivkrieg, wenn die aggressiven Absichten der Feinde offensichtlich sind. Grundsätzlich sei der Prophet Muḥammad gesandt, den Menschen und den Völkern den Frieden zu bringen.

Die saudischen Autoren unterstreichen zudem, dass die gegenwärtigen Beziehungen der islamischen Staaten zu den anderen Staaten friedlich sind und dass die Muslime nicht danach streben, die Situation der Welt durch Anwendung von Gewalt zu verändern. Der Friede ist heute die Norm, die von den Muslimen akzeptiert und verfolgt wird. Der Wunsch und die Sehnsucht nach Frieden und Freundschaft ist universal und auch islamisch. So sind die islamischen Staaten heute durchaus in der Lage, sich den modernen Gesellschaften in der Gestaltung der internationalen Beziehungen auf der Grundlage des Friedens und der Zusammenarbeit anzupassen.

So unterstreichen die Autoren und beweist die Praxis der saudischen Verantwortlichen, dass internationale Abmachungen eine auch im Sinne des Islams legitime Form des Vertragsschlusses sind. Die Legitimität dieser Verträge wird nicht durch die Tatsache in Zweifel gezogen, dass sie von Nicht-Muslimen geschlossen worden sind. Das Prinzip »pacta sunt servanda« (Verträge sind zu respektieren) ist wesentlicher Bestandteil islamischer Sittenordnung.

Literaturhinweise

Der Koran. Übersetzung von Adel Theodor Khoury.
Unter Mitwirkung von Muhammad Salim Abdullah (GTB 783), Gütersloh 1987, ³2007.

Adel Theodor Khoury, Der Koran. Arabisch-Deutsch:
Übersetzung und wissenschaftlicher Kommentar,
Bd. I-XII, Gütersloh 1990–2001.

Adel Theodor Khoury, Der Koran. Übersetzt und kommentiert, Gütersloh ²2007.

Adel Theodor Khoury, So sprach der Prophet. Worte
aus der islamischen Überlieferung (GTB 785), Gütersloh 1988.

A. Th. Khoury/L. Hagemann/P. Heine, Islam-Lexi-
kon – Geschichte, Ideen, Gestalten, (Herder/Spek-
trum 5780), Freiburg ³2006.

P. Antes, Ethik und Politik im Islam, Stuttgart 1982.

A. Bsteh (Hrsg.), Friede für die Menschheit. Grundlage, Probleme und Zukunftsperspektiven aus islamischer und christlicher Sicht (Beiträge zur Religi-
onstheologie 8), Mödling 1994.

– (Hrsg.), Eine Welt für alle. Grundlagen eines gesellschaftlichen und kulturellen Pluralismus in christlicher und islamischer Perspektive (Beiträge zur Reli-
gionstheologie 9), Mödling 1999.

– (Hrsg.), Der Islam als Anfrage an christliche Philo-
sophie und Theologie (Studien zur Religionstheolo-
gie 1), Mödling 1994.

F. Buhl, Das Leben Muhammeds, Heidelberg ³1961.

Antoine Fattal, Le statut légal des non-musulmans en pays d'Islam, Beirut 1958.

E. Gräf, Religiöse und rechtliche Vorstellungen über Kriegsgefangene in Islam und Christentum, in: Die Welt des Islams, N. S. VIII, Leiden 163/1963, S. 89–139.

L. Hagemann, Christentum und Islam zwischen Konfrontation und Begegnung (Religionswissenschaftliche Studien 4), Würzburg/Altenberge ³1994.

–, Zwischen Religion und Politik, in: L. Hagemann/ E. Pulsfort (Hrsg.), Ihr alle aber seid Brüder. Festschrift für A. Th. Khoury zum 60. Geburtstag, Würzburg/Altenberge ²1990, S. 244–260.

Majid Khadduri, War and peace in the law of Islam, Baltimore ²1979.

A. Th. Khoury, Einführung in die Grundlagen des Islams (Religionswissenschaftliche Studien 27), Würzburg/Altenberge ⁴1995 (Neudruck 1999).

–, Toleranz im Islam, München/Mainz 1980; Altenberge ²1986.

–, Islamische Minderheiten in der Diaspora, München/Mainz 1985.

–, Frieden, Toleranz und universale Solidarität in der Sicht des Islams, in: Heinz Althaus, Christentum, Islam und Hinduismus vor den großen Weltproblemen, Altenberge 1988, S. 50–79.

–, Wer war Muhammad? Lebensgeschichte und prophetischer Anspruch, Herder Taschenbuch 1719), Freiburg 1990.

–, Der Islam kommt uns näher. Worauf müssen wir uns einstellen, Herder 1992.

–, Christen unterm Halbmond. Religiöse Minderheiten unter der Herrschaft des Islams, Freiburg 1994.

A. Th. Khoury/Peter Heine/Janbernd Oebbecke, Handbuch Recht und Kultur des Islams in der deutschen Gesellschaft, Gütersloh 2000.

T. Nagel, Staat und Glaubensgemeinschaft im Islam. Geschichte der politischen Ordnungsvorstellungen im Islam, 2 Bde., Zürich 1981.

A. Noth, Heiliger Krieg und heiliger Kampf in Islam und Christentum, Bonn 1966.

–, Möglichkeiten und Grenzen islamischer Toleranz im Islam, in: Saeculum 29 (Freiburg/München 1978), S. 190–204.

R. Paret, Toleranz und Intoleranz im Islam, in: Saeculum 21 (Freiburg/München 1970), S. 344–365.

R. Peters, Islam and colonialism. The doctrine of jihad in modern history, Den Haag 1979.

S. A. Rahman, Punishment of apostasy in Islam, Lahore [2]1978.

R. Steinweg (Hrsg.), Der gerechte Krieg: Christentum, Islam, Marxismus, Frankfurt/M. 1980.

B. Tibi, Die Krise des modernen Islams, Frankfurt [2]1990.

–, Der Islam und das Problem der kulturellen Bewältigung sozialen Wandels, Frankfurt 1985.

–, Im Schatten Allahs. Der Islam und die Menschenrechte, München 1994.

A. Waas, Der Heilige Krieg in Islam und Christen-

tum in Vergangenheit und Gegenwart (Welt als Geschichte 19), 1959.

W. M. Watt, Muhammad at Medina, Oxford ⁵1972.

W. M. Watt/A. T. Welch, Der Islam I (Die Religionen
der Menschheit 25,1), Stuttgart 1980.

S. M. Zwemer, Das Gesetz wider den Abfall vom Glauben, Gütersloh 1926.